2023
9급 전 직렬
공무원
시험 대비

심슨
북스

KB018989

심우철
합격영어 1. 구문

우철 지음

공무원 영어 기본서

모든 문장이 쉽게 해석되는 구문 독해 법칙 전수
문장 구조 이해를 통한 빠른 해석 능력 배양

커넥츠 공단기
인터넷 강의
gong.conects.com

Preface

머리말

책을 내면서...

나는 오랫동안 학원 강사로 학생들을 만났습니다. 시험이라는 전쟁을 치르고 있는 학생들의 책사로서 영어 과목에 대한 전략을 조언하는 일이 내가 하는 일이었습니다. 20년간 매년 치러오는 전쟁이지만 항상 잔혹하게 느껴집니다. 누군가는 승리의 환희를 맛보겠지만 또 다른 누군가는 반드시 패배하게 되어있는 것이 바로 수험이라는 전쟁의 현실입니다.

2012년에 공단기 입성을 준비하면서 스스로에게 약속했습니다. '수험생들의 인생을 좌우하는 공무원 시험이라는 전쟁터에서 학생들의 학습에, 더 나아가 학생들의 미래를 향한 도전에 진정한 길잡이가 되겠노라'고요.

이 책을 완성하기까지 꼬박 4년의 시간이 걸렸습니다. 그리고 몇 차례 개정을 통해 완성도를 높여 왔습니다. 보통 수험서를 집필하는 데 1년이 채 안 걸리는 데 비하면 굉장히 많은 시간을 투자한 셈이지요. '심우철 합격영어'는 20년간 수험 영어 최전선에서 살아온 내 노력의 압축입니다. 그리고 당시 스스로에게 한 약속에 대한 응답이기도 합니다. 부디 이 교재가 미래의 공무원을 꿈꾸는 수험생들로 하여금 영어 학습에 대한 답답함에서 벗어나는 데 도움이 되었으면 합니다.

최소시간 X 최대효과
초고효율 심우철 합격영어

모든 것을 담을 수는 없을까?

공무원 영어 수험서는 이미 시중에 넘쳐납니다.
하지만 기존에 존재하는 딱딱한 영어 이론에 대한 나열만 있을 뿐 학생들이 이것을 더 쉽게 이해할 수 있도록 새로운 형태의 학습법을 제시하는 교재는 찾을 수 없었습니다.
이 책에는 영어 학습에 있어서 핵심이 되는 '구문', '문법', '독해'의 필수 개념을 철저하게 공무원 시험 출제 경향에 맞춰 수록하였습니다.
단순히 열거만 한 것이 아니라 '구문'은 '법칙'으로, '문법'은 '어휘'로, '독해'는 유형별 'Reading Skill'로 풀어내어 학생들의 이해를 한층 도왔습니다.

2022 최신 시험 출제 경향 100% 반영 완료

공무원 시험 출제 경향은 매년 바뀌고 있습니다.
하지만 몇 년째 바뀌지 않는 철밥통 강의와 발행일만 교묘하게 바꾼, 말뿐인 개정 교재로 학생들을 혼동케 하는 현실에 화가 났습니다.
"심우철 합격영어는 2022년까지 시행한 최신 공무원 시험 출제 경향을 철저하게 분석하여 강의와 교재에 녹여냈습니다."

'심우철 합격영어' 하나면 됩니다.

더 이상 어떤 교재로 공무원 영어를 공부해야 하는지 고민하며 시간을 버리지 마십시오.
'심우철 합격영어'에 공무원 영어의 모든 것이 담겨있습니다.
"공무원 영어는 이 책 하나면 완벽하게 끝납니다!"

Preview

교재 특징 / 구성

교재 특징

1. 정확하고 빠른 독해를 위한 가장 현명한 선택

많은 수험생들이 영어의 복잡하고 다양한 문장을 만날 때 해석상의 어려움을 자주 토로합니다. 그런데도 공무원 영어 수업은 영어 해석을 위한 수업보다는 문법 수업에 치중되어 있습니다. <심우철 합격영어 구문>은 영어 문장을 정확하게 한국말로 이해할 수 있도록 특별히 개발된 심우철 선생님의 베스트셀러 구문 수업입니다.

2. 영어 해석의 법칙화

<심우철 합격영어 구문>은 공무원/경찰직/소방직 시험에 등장하는 영어 문장을 법칙화하여 정확하게 해석하는 방법을 제시합니다. 누구나 구문을 쉽게 이해할 수 있고 체득할 수 있는 단순하고 체계적인 방법이 <심우철 합격영어 구문>에 실려 있습니다.

3. 구문 이해를 통한 빈출 영어 문법 정복

구문 학습을 통해 자주 출제되는 문법 요소들 또한 쉽게 해결할 수 있습니다. 영어 해석법 공부와 더불어 공무원 영어 시험에 항상 등장하는 빈출 문법들도 <심우철 합격영어 구문>에서 완벽하게 대비하세요. 구문과 연결된 기출 문법 문항을 풀어봄으로써 영어 고득점에 한 걸음 더 다가갈 수 있습니다.

최소시간 X 최대효과
초고효율 심우철 합격영어

교재 구성

1.
구문 이해를 위한
핵심 이론 정보 수록

영어 문장을 해석하기 위한 법칙들이 먼저 제시되어 있습니다. 복잡하지 않은 단순한 법칙들이 구문 해석법을 쉽고 정확하게 체득될 수 있도록 돕습니다.

2.
구문 해석법의
실제 적용 연습

학습한 구문 해석법을 실제 공무원 시험에 등장한 다양한 문장들에 적용하는 연습을 함으로써 구문 법칙의 내용을 자신의 것으로 완성할 수 있습니다.

3.
구문 해석 정답과
문법 문제의 정답 체크

학습한 구문 해석법과 영어 문법들을 정답과 해설을 통해 자가 진단할 수 있습니다.

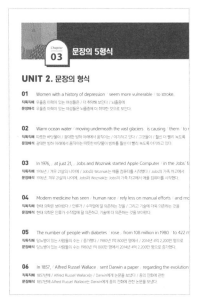

Contents

목차

최소시간 X 최대효과
초고효율 심우철 합격영어

심우철
합격영어 1.구문

최소시간 X 최대효과
초고효율 심우철 합격영어

Chapter
01

8품사

UNIT 1. 8품사

① 명사(Noun)

유형, 무형의 사물의 이름을 나타내는 단어: 문장 안에서 주어, 보어, 목적어 역할을 한다.

> 형태가 있는 것: book, desk, sister, computer
> 형태가 없는 것: science, happiness, week

1 단수명사

❶ 셀 수 없는 명사

→ water 물 money 돈 happiness 행복 bread 빵

❷ 셀 수 있는 하나의 명사

→ a pencil 한 개의 연필 a bag 하나의 가방 a book 한 권의 책

2 복수명사

두 개 이상의 셀 수 있는 명사: 명사 뒤에 s나 es를 붙여준다.

→ many desks 많은 책상들 two boxes 두 상자 a lot of books 많은 책들

cf 정관사 the의 쓰임 → 너도 알고 나도 아는 이미 정해진 것

❶ 이미 언급된 것

· I saw **a cat** last night. **The cat** was small but quick.
  나는 어젯밤에 고양이 한 마리를 보았다. 그 고양이는 작지만 빨랐다.

❷ 세상에서 하나밖에 없는 것

· **The Earth** rotates around **the Sun**.
  지구는 태양 주변을 돈다.

❷ 대명사(Pronoun)

사람이나 사물의 이름을 대신 나타내는 단어

> **ex** A: Where is **your sister**?
> 네 여동생 어디 있니?
>
> B: **She** is in her room.
> 그녀는 방에 있어요.(she=sister)

cf 대명사의 종류: 대명사는 크게 네 가지 종류로 분류 가능하다.

1 인칭대명사: 말하는 사람(1인칭), 듣는 사람(2인칭), 그 외의 사람 혹은 사물(3인칭)을 표현하는 대명사

인칭대명사	1인칭		2인칭		3인칭			
	단수	복수	단수	복수	남성	여성	중성	복수
주격	I	we	you	you	he	she	it	they
소유격	my	our	your	your	his	her	its	their
목적격	me	us	you	you	him	her	it	them
소유대명사	mine	ours	yours	yours	his	hers	–	theirs

2 지시대명사: 앞에서 언급된 내용 또는 뒤에서 언급될 내용을 가리키는 대명사

→ this / these / that / those

3 부정대명사: 정해지지 않은 다수의 불특정한 사람·사물을 나타내는 대명사

→ all / both / each / either / none / no[every] + –thing

4 의문대명사: 의문을 나타내는 who, which, what 등으로, which와 what은 형용사로 쓰이면 의문형용사가 된다.

→ 의문대명사: who(m)(누구, 누가, 누구를), which(어느 것), what(무엇)
→ 의문형용사: whose(누구의), which(어느, 어떤), what(무슨, 어떤)
→ 의문부사: when(언제), where(어디서), why(왜), how(어떻게, 얼마나)

❸ 동사(Verb)

사물의 동작이나 상태를 나타내는 단어

be동사	am, is, are, was, were
일반동사	say, run, play, study, go, love, know 등
조동사	will, can, must, should, may 등

❹ 형용사(Adjective)

성질, 수량 등을 나타내며 (대)명사를 앞/뒤에서 수식하거나 설명하는 단어

cf 형용사의 종류

❶ **제한적 용법:** 명사 앞과 뒤에서 수식하는 역할

· a **beautiful** girl 아름다운 소녀
· a book **written in English** 영어로 쓰인 책

❷ **서술적 용법:** 주격 보어나 목적격 보어로 명사(주어·목적어)를 설명해주는 역할

· The boy is **wise and kind**. 그 소년은 지혜롭고 친절하다.
· The result made me **happy**. 그 결과가 나를 행복하게 만들었다.

※ 관사(a/an, the)는 형용사의 일종으로 보고, water drops(물방울)와 같이 명사가 명사 앞에 오는 경우 명사가 형용사 역할을 하기도 한다.

❺ 부사(Adverb)

동사나 형용사, 다른 부사 또는 문장 전체를 수식하는 단어

· He speaks French **well**. 그는 프랑스어를 잘 말한다. [동사 수식]
· She is a **very** kind lady. 그녀는 매우 친절한 여자다. [형용사 수식]
· He can speak English **very** well. 그는 영어를 매우 잘 말할 수 있다. [부사 수식]

⑥ 전치사(Preposition)

명사 또는 대명사 앞에 놓여 다른 단어와의 관계를 형성하는 단어

· **in** the room 방 안에서
· **from** her 그녀로부터
· **at** the station 역에서
· **during** the vacation 방학 동안

⑦ 접속사(Conjunction)

단어와 단어, 구와 구, 절과 절을 연결하여 주는 단어

cf 접속사의 종류

❶ **등위 접속사**: and, or, but 등

· You **and** I 너와 나

❷ **종속 접속사**: when, if, because, since, before 등

· **When** I was young, I liked to eat chocolate.
  나는 어렸을 때, 초콜릿 먹는 걸 좋아했다.

⑧ 감탄사(Interjection)

기쁨, 놀람, 슬픔 등의 여러 가지 감정을 나타내는 단어

→ oh, alas, bravo 등

Chapter 01 | 8품사

UNIT 2. 품사 형태 구분

① 품사를 결정하는 것은 그 위치다

· I want to drink some **water**. (명사: 물)
  나는 약간의 물을 마시길 원한다.

· He **watered** the flowers. (동사: ~에 물을 주다)
  그는 꽃들에게 물을 주었다.

· The sun strikes **water** drops. (형용사: 물의)
  햇빛이 물방울을 때린다.

② 형태로 품사를 예측할 수 있다

1 명사형 접미사
-tion/-sion, -ance/-ence, -ment, -ness, -(e)ty/-ity, -tude

decide(결심하다) → decision(결심)   appear(나타나다) → appearance(출현)
agree(동의하다) → agreement(동의)   kind(친절한) → kindness(친절)
able(할 수 있는) → ability(능력)   grateful(고마워하는) → gratitude(고마움)

2 형용사형 접미사
-ful, -ous, -ic/-cal, -ive/-ative, -able/-ible, -ar(y)/-ory

care(주의) → careful(주의하는)   fame(명성) → famous(유명한)
base(기초) → basic(기초적인)   type(유형) → typical(전형적인)
defect(결점) → defective(결점 있는)   comfort(편안) → comfortable(편안한)

3 부사형 접미사
형용사 + ly

careful(주의하는) → carefully(주의하여)   typical(전형적인) → typically(전형적으로)

● 사전 보는 법

right

형용사

1. morally good | [대개 명사 앞에는 안 씀] ~ (to do sth) (도덕적으로) 옳은, 바른

　ex You were quite right to criticize him. 당신이 그를 비판한 것은 지극히 옳았어요.

2. true/correct | (틀리지 않고) 맞는, 정확한

　ex Did you get the answer right? 너 그 답 맞혔니?

3. not left | [명사 앞에만 씀] 오른쪽의, 우측의

　ex my right eye 내 오른쪽 눈

부사

1. exactly | 정확히, 바로, 꼭

　ex Lee was standing right behind her. Lee는 그녀의 바로 뒤에 서 있었다.

2. not left | 오른쪽으로, 우측으로

　ex Turn right at the end of the street. 길 끝에서 오른쪽으로 도세요.

명사

1. sth morally good | [U, C] (도덕적으로) 옳은[정당한] 것[일]

　ex She doesn't understand the difference between right and wrong.
　그녀는 옳고 그른 것의 차이를 이해하지 못한다.

2. moral/legal claim | [C, U] ~ (to sth/to do sth) (법적 · 도덕적) 권리[권한]

　ex You have no right to stop me from going in there.
　당신은 내가 거기 들어가는 것을 막을 권리[권한]가 없어요.

동사

1. return to position | (정상적인 위치가 되도록) 바로 세우다[잡다]

　ex They learnt to right a capsized canoe. 그들은 뒤집힌 카누를 바로 돌리는 법을 배웠다.

감탄사

1. 알았어요(상대방의 진술 · 주문 등을 받아들인다는 표시)

　ex 'Barry's here.' 'Oh, right.' 'Barry는 여기 있어.' '응, 알았어.'

EXERCISE

 정답 및 해설: 02p

❖ 다음 밑줄 친 부분의 품사를 쓰세요.

> 예제 He bought a digital camera.
> 품사 대명사 / 동사 / 관사 / 형용사 / 명사

01 My brother is really smart.
품사

02 She can speak various languages.
품사

03 I must finish my homework today.
품사

04 My house is right behind my school.
품사

05 There are many customers in the store.
품사

06 The man planted a tree in the garden.

품사

07 I did not sleep well for three days.

품사

08 She told me about the accident yesterday.

품사

09 He always washes his hands before every meal.

품사

10 The expert is in full agreement with our policy.

품사

11 These chemical changes occur so naturally.

품사

심우철
합격영어 1.구문

최소시간 X 최대효과
초고효율 심우철 합격영어

Chapter

02

구개념

구개념

UNIT 1. 구의 품사별 분류

> **구:** 둘 이상의 단어들이 모여 문장에서 명사, 형용사, 부사 중 하나의 품사 역할을 하는 것

1 명사구: 명사와 똑같이 주어, 목적어, 보어의 역할을 한다.

· **Good English scores** are very important for the success.
좋은 영어 점수는 성공을 위해 매우 중요하다.

· **One of my students** asked me **a bunch of questions** today.
나의 학생들 중 한 명이 나에게 오늘 많은 질문을 했다.

2 형용사구: 명사를 수식하거나 설명하는 역할을 한다.

· The man **walking by that building** is my father.
저 빌딩 옆을 걷고 있는 남자는 내 아버지이다.

· I don't like people **with no humor**.
나는 유머가 없는 사람들을 좋아하지 않는다.

3 부사구: 동사, 형용사, 부사 또는 문장 전체를 수식한다.

· She exercised hard **to lose weight**.
그녀는 살을 빼기 위해 열심히 운동했다.

· The children are playing **in the playground**.
아이들이 운동장에서 놀고 있다.

UNIT 2. 구의 5가지 법칙

1 나는 왜 해석이 되지 않는가?

01 Light from a distant source, such as the sun, strikes a collection of water drops such as rain, spray, or fog.

02 A sudden increase of population over the carrying capacity of the land causes a deterioration in the standard of living and enlarges the total of the malnourished.

03 After years of research and expensive experimentation, an independent laboratory with specialists in bio-technology has finally uncovered a naturally occurring substance available in tablet form.

해석

01 태양과 같은 먼 곳으로부터 온 빛이 비, 물보라, 또는 안개 같은 물방울 덩어리를 때린다.

02 땅의 수용 능력을 넘는 인구의 갑작스러운 증가는 생활 수준의 악화를 야기하고, 영양실조인 사람의 총수를 증가시킨다.

03 수년간의 조사와 비용이 많이 드는 실험 후에, 생명공학 분야의 전문가들을 보유한 독립적인 연구소는 알약 형태로 이용 가능한 자연적으로 발생하는 물질을 마침내 발견했다.

2 **구의 5가지 법칙**

1 제1법칙 → [전치사 + 명사] = 부가적인 정보

부가적인 정보는 문장의 핵심정보가 아니므로 괄호를 치고 없다고 생각한다.

- I love you. (3형식)
  나는 너를 사랑해.

- The baby (**on the sofa**) (**in the living room**) saw her parents. (3형식)
  거실 소파 위의 아기가 부모를 보았다.

2 제2법칙 → [명사 of 명사] = 하나의 명사구

① A of B	해석: B의 A	the development of science (과학의 발전)
② 숫자 of A	해석: A 중에 몇	one of his friends (그의 친구들 중에 한 명)
③ 단위명사 of A	해석: ~단위의 A	a cup of milk (한 잔의 우유)
④ A of B (동격)	해석: B라는 A	the city of Seoul (서울이라는 도시)

- a lot[lots] **of** money 많은 돈
- a good[great] deal **of** time 많은 시간
- tens **of** visitors 수십 명의 방문객들
- years **of** attacks 수년간의 공격

3 제3법칙 → [A, B, and/or C] = 하나의 단위

병렬구조를 취하며, 여러 개가 나열되는 경우 맨 마지막에만 and/or를 붙이고 앞에는 콤마로 처리한다.

- a smart, rich, **and** frugal person
  영리하고, 부유하고, 그리고 검소한 사람

- They suffered from depression, anxiety, **or** alcohol problems.
  그들은 우울증, 불안감, 혹은 알코올 문제로 고통받았다.

4 제4법칙 → [형용사 + 명사] or [명사 + 형용사] = 형용사가 명사를 수식하면 하나의 명사구

· the **single** picture
  단 하나의 그림

· a book **written** in English
  영어로 쓰인 책

5 제5법칙 → 준동사는 하나의 단위

'(for + 목적격) to RV ~' or '(소유격/목적격) RVing ~' or '(주격) RVing/p.p. ~'는 하나의 단위이다.

· It is difficult **for a baby to learn to walk**.
  아기가 걷는 법을 배우는 것은 어렵다.

· **Staying in bed** is the best remedy for a cold.
  감기에는 누워 있는 것이 제일 좋은 치료법이다.

· He was supportive about **my going to the library every day**.
  그는 내가 매일 도서관에 가는 것을 지지했다.

 cf RV → Root Verb: 동사원형

Chapter 02 구개념

3 괄호처리 대상 전치사 - (전치사 + 명사)

1 꼭 알아야 할 전치사

on	① ~에 붙은 ② ~에 대한	around	~주위에
off	~에서 떨어져	along	~을 따라
for	① ~을 위해 ② ~동안	through	~을 통하여
to	~쪽으로	throughout	~을 통과하여
at	~에	out of	~로부터
by	~에 의한	as	~로서
in	~안에	since	~이래로
with	~와 함께	despite	~에도 불구하고
up	~위로	like	~와 같은
down	~아래로	unlike	~와 다른
across	~을 가로질러	toward	~을 향하여
against	~에 반대하여	within	~이내에
above	~위에	from	~로부터
beyond	~을 넘어서	after	~후에
under	~아래	before	~전에

· There's a mark **on** her skirt.
  그녀의 스커트 위에는 얼룩이 묻어 있다.

· The kids played **in** the street.
  그 아이들은 길거리에서 놀았다.

· He greeted her **with** a sad expression **on** his face.
  그는 얼굴에 슬픈 표정을 한 채로 그녀에게 인사했다.

2 꼭 알아야 할 전치사구

according to	~에 따라	in spite of	~에도 불구하고
because of	~때문에	along with	~와 함께
in terms of	~의 관점에서	with regard to	~에 대해서, ~와 관련하여
such as	~와 같은, 예를 들어	as to	~에 관하여
in front of	~앞에	as for	~에 대해 말하자면

· cartoon characters **such as** Mickey Mouse and Snoopy
미키 마우스와 스누피 같은 만화 캐릭터들

4 괄호처리 시 주의해야 할 전치사

숫자 앞에서 품사가 부사로 바뀌는 경우

over	① ~너머 ② ~이상(부사)
about	① ~에 관한 ② 대략(부사)
around	① ~주위에 ② 대략(부사)

· **over** 100 million tons of steel
1억 톤 이상의 철강

· **about** three thousand students
대략 3,000명의 학생들

· **around** 80 people
대략 80명의 사람들

5 시간 표현 부사구

시간 표현이 들어간 명사는 문장에서 부사(구)가 될 수 있다.

· He watched the game (**last night**).
그는 어젯밤 그 경기를 시청했다.

· I started on my trip (**yesterday**).
나는 어제 여행을 시작했다.

EXERCISE

🔊 정답 및 해설: 03p

❶ 다음이 무슨 구인지 쓰세요.

01 the wavelength or color of the emitted light (2022. 국가직 9급)

01
wavelength 파장
emit 방출하다

02 one of the most common mistakes in reasoning (2015. 지방직 7급)

02
reasoning 추론

03 about the advantage of language practice

04 an empirical analysis of over 400 articles

04
empirical 실증적인, 경험에 의거한
analysis 분석

05 over two million acres of land in the country

05
country 시골, 전원

06 additional emphasis on the virtue of modesty

06
emphasis 강조
virtue 미덕, 덕목
modesty 겸손

07 a simple way of easing the stress of driving (2020, 국가직 9급)

07
ease 완화하다

08 the excitement of leaving for a foreign country

09 the availability of oxygen in many parts of the sea (2021, 국가직 9급)

09
availability 이용 가능성

10 one of the most destructive forms of all the storms

10
destructive 파괴적인

11 years of research / lots of students / a kind of sports

12 tens of students from several colleges around Dublin

13 the earliest and most effective machines available to humans
(2019, 국가직 9급)

14 realistic animated scenes of fish and other underwater objects

(2022, 국가직 9급)

14
underwater 수중의

15 lots of people at the clubs, pubs, and bars in downtown

16 a record of denying proper medical care to prisoners (2019, 서울시 9급)

16
deny 거부하다
proper 적절한

17 some of the resource materials ready for promotion of movies

18 the religious, philosophical, moral, and political values of a culture (2019, 국가직 9급)

18
religious 종교적인
philosophical 철학적인
moral 도덕적인

19 the unchallenged leader in transportation for a hundred years

19
unchallenged 도전받지 않는, 확고한
transportation 운송업

20 one of the most famous yet mysterious celebrities of recent times

20
celebrity 유명인사
recent 최근의

21 with his ability to fuse serious content with humorous style

(2019, 국가직 9급)

21
fuse 융합시키다
content 내용

22 15 years of research on U.S. employment and the minimum wage

22
minimum wage 최저 임금

23 the poor performance of American students on various international tests

23
performance (수행의) 성과, 성적
various 다양한

24 his absolutely outstanding performance in an exceptionally difficult condition

24
exceptionally 유난히

25 three rows of benches on each side of the stage and six rows in front of the principal

25
row 줄
principal 교장

26 I bought <u>a very expensive car</u>.

26
leather 가죽
comfortable 편안한
costly 값이 비싼
gem 보석

I bought <u>a very expensive car</u> from the car-dealer's shop 5 years ago.

I bought <u>a very expensive car with leather seats, a comfortable house, and costly gems</u>.

27 the process of sensing our environment through touch, taste, sight, sound, and smell (2014, 사회복지직 9급)

27
process 과정
sense 감지하다

28 the inability to consistently sleep well for a period of less than a month (2018, 국가직 9급)

28
consistently 꾸준히

29 one of the fundamental rights of every human being without distinction of race

29
distinction 차이, 차별

30 the size of the nerves connecting the eyes and the ears to the centers of the brain (2017, 국가직 9급)

31 the development of new types of products and services and new forms and methods of distribution

31
distribution 분배, 유통

32 the connection between acting on the feedback and negative sanctions such as being laid off or fired (2019, 국가직 9급)

32
sanction 제재
lay off (구조조정 등의 이유로)
해고하다
fire (업무능력 등의 이유로)
해고하다

33 a one-for-one relationship between income of the bottom fifth of the population and per capita GDP (2017, 국가직 9급)

33
per capita GDP 1인당 국내 총생산

34 the growing need for information and communication technologies to fight climate change and to build greener, more environmentally friendly economies

34
need 필요성
climate 기후

Ⅱ 다음 문장을 해석하세요.

01 Lamela is the author of over 250 articles.

01
article 기사

02 The price of gold goes up along with unemployment.

02
unemployment 실업률, 실업

03 Minor is the legal description of a person under the age of 18.

03
minor 미성년자
legal 법률상의, 법적인
description 표현, 설명

04 The passenger angry about the delay of the flight asked for a refund.

04
delay 지연, 연착
refund 환불

05 Learning is a hope to the poor, an honor to the rich, and a comfort to the aged.

05
honor 명예
comfort 위로

06 Exports declined in 1965 and 1966, both in terms of quantity and total shipments.

06
decline 감소하다
shipment 출하량

07 The children full of hope for the future own a positive point of view about things.

07
point of view 관점

08 Individual human being cannot exist, without the cooperation of others in society.

08
individual 개인의, 개개의
human being 인간
cooperation 협력, 협동

09 Basketball legend Michael Jordan practiced shooting for about 10,000 times in a day.

10 In spite of a few clashes, the relationship between the police and protesters was peaceful.

10
clash 충돌
protesters 시위대

11 Online advertising is basically a one-way communication similar to network television.

11
similar 비슷한

12 The e-book applications available on tablet computers employ touchscreen technology. (2020, 지방직 9급)

12
employ 이용하다, 쓰다

13 Hundreds of statues of Greek gods such as Apollo, Jupiter, and Neptune stood in the gardens. (2020, 지방직 9급)

13
statue 조각상

14 The reason for the ubiquitous production of light by the microorganisms of the sea remains obscure. (2010, 국회직 8급)

14
ubiquitous 어디에나 있는
microorganism 미생물
obscure 불분명한, 애매한

15 About 83 percent of the cost of the health service comes from general taxation.

15
health service 건강 보험
general 일반적인
taxation 조세

16 The rates of gun homicide and other gun crimes in the United States have dropped since highs in the early 1990's. (2020, 국가직 9급)

16
gun homicide 총기 살인

17 Reducing water pollution and cleaning and restoring polluted water to its natural state can help to stretch our supply of fresh water.

17
reduce 줄이다
pollution 오염
restore 회복시키다
stretch 늘리다

18 The phenomenal achievements of African-Americans have drawn little attention in U.S. despite their great significance.

19 A sudden increase of population over the carrying capacity of the land causes a deterioration in the standard of living and enlarges the total of the malnourished.

20 After its launch in 2010, Instagram became one of the top social media networks, with one million registered users in two months.

21 In June 2016, as presidential candidate, Donald Trump launched a trade war against Chinese economic practices, as a reaction against a leadership class worshipping globalism.

18
phenomenal 경이적인
despite ~에도 불구하고
significance 중요성

19
capacity 수용량, 용량, 능력
deterioration 악화, 저하
standard 수준, 표준
enlarge 크게 하다, 확대하다
malnourished 영양실조의

20
registered 등록된

21
launch 시작하다, 나서다
practice 관행
worship 숭배하다

심우철
합격영어 1. 구문

최소시간 X 최대효과
초고효율 심우철 합격영어

Chapter

03

문장의 5형식

문장의 5형식

UNIT 1. 문장 해석법

① 주어

움직임이나 상태의 주체가 되는 말로 동사 앞에 위치한다.
'~은, ~는, ~이, ~가'로 해석한다. 명사(구·절), 대명사가 온다.

· **He** is a teacher. 그는 선생님이다.

② 서술어

주어의 동작이나 상태를 알려준다.
'~하다, ~(이)다'라고 해석한다.

· He **studies hard.** 그는 열심히 공부한다.
· He **is busy.** 그는 바쁘다.

③ 목적어

동작의 대상 또는 상대방에 해당하는 말로, 동사 뒤에 위치한다.
'~을, ~를'로 해석한다.

· She loves **her country.** 그녀는 그녀의 조국을 사랑한다.

④ 보어

주어나 목적어에 대한 보충 설명을 하는 말로서, 주격 보어와 목적격 보어가 있다.
명사나 형용사가 온다. 명사는 S/O와 동격 관계이고, 형용사는 S/O를 설명해준다.

· He is **a doctor.** 그는 의사이다.
· His parents made him **a doctor.** 그의 부모님이 그를 의사로 만들었다.
· She is **happy.** 그녀는 행복하다.
· She saw the bus **passing by.** 그녀는 버스가 지나가는 것을 보았다.

[문장 구성 원리]

1형식 (완전자동사) : S + V		[S가 V하다]
2형식 (불완전자동사) : S + V + SC		[S는 SC이다]
3형식 (완전타동사) : S + V + O		[S는 O를 V하다]
4형식 (수여동사) : S + V + IO + DO		[S는 IO에게 DO를 V하다]
5형식 (불완전타동사) : S + V + O + OC		[S는 O가 OC하도록/OC하게/OC하는 것을 V하다]

UNIT 2. 문장의 형식

1형식(완전자동사)

S가 **V**하다

Birds fly.
새들이 난다.

2형식(불완전자동사)

S는 **SC**(이)다

She is happy.
그녀는 행복하다.

3형식(완전타동사)

S는 **O**를 **V**하다

Cats like fish.
고양이는 생선을 좋아한다.

4형식(수여동사)

S는 **IO**에게 **DO**를 **V**하다

I bought her a beautiful dress.
나는 그녀에게 아름다운 드레스를 사주었다.

5형식(불완전타동사)

S는 **O**가
OC하도록/하게/하는 것을 **V**하다

The present made her happy.
그 선물은 그녀를 행복하게 만들었다.

① 1형식 동사

주어의 행동을 설명한다.

해석: 주어(S)가 동사(V)하다

· The accident **happened** yesterday.
  그 사고는 어제 발생했다.

· He **lay** on the beach.
  그는 해변 위에 누워 있었다.

[cf] be동사가 존재를 의미할 때는 1형식 동사가 된다.

· There **is** a river in the city. (1형식)
  그 도시에는 강 하나가 있다.

② 2형식 동사

주격 보어(형용사/명사)를 사용해 주어를 보충 설명한다.

해석: 주어(S)는 주격 보어(SC)(이)다/되다

· She **is** an English teacher.
  그녀는 영어 선생님이다.

· He **has become** famous.
  그는 유명해졌다.

1 be동사

· He **is** a famous teacher in Korea.
  그는 한국에서 유명한 교사이다.

[cf] A bench **is** under the tree. (1형식)
  하나의 벤치가 나무 아래에 있다.

2 오감/상태동사

> 오감동사: feel, sound, smell, taste, look   상태동사: seem, appear, prove, turn out

- Do you still **feel** hungry?
  당신은 여전히 배가 고프신가요?

- Her voice **sounded** strange on the phone.
  그녀의 목소리가 전화 상에서 이상하게 들렸다.

- He **appeared** healthy.
  그는 건강해 보였다.

- **cf** He **appeared** suddenly. (1형식)
  그가 갑자기 나타났다.

SHIMSON'S COMMENT

오감동사는 2형식이고 지각동사는 5형식이에요.
look은 '보다'가 아니라 '보이다'의 의미에요. 그렇
기에 지각동사인 see와 다른 것이죠.

3 become형 동사

> 상태의 변화('되다'로 해석): become, get, turn, grow, go, come, run, fall, make

- The weather **became** warm.
  날씨가 따뜻해졌다.

- In October the leaves **turn** yellow.
  10월이면 잎사귀들은 노랗게 물든다.

- The river **ran** dry during the drought.
  그 강은 가뭄 동안 말라들었다.

- The players **grew** increasingly desperate.
  선수들은 점점 더 필사적이게 되었다.

4 remain형 동사

> 상태의 유지('유지하다'로 해석): remain, stay, keep, lie, hold

- Prices should **remain** stable for some months.
  물가가 몇 달 동안은 계속 안정되어야 한다.

③ 3형식 동사

주어의 행동에 영향을 받는 대상인 목적어가 있는 경우에 쓰인다.

해석: 주어(S)가 목적어(O)를 동사(V)하다

· The early bird **catches** the worm.
  일찍 일어나는 새가 벌레를 잡는다.

· She **saw** him yesterday.
  그녀는 어제 그를 보았다.

④ 4형식 동사

간접목적어(IO)와 직접목적어(DO), 두 개의 목적어를 가지는 문장이다.

해석: 주어(S)가 간접목적어(IO)에게 직접목적어(DO)를 동사(V)하다

· She **gave** me a birthday present.
  그녀는 나에게 생일 선물을 주었다.

· He **asked** her several questions.
  그는 그녀에게 몇 가지 질문을 했다.

· The company **offered** the applicant a job.
  그 회사는 그 지원자에게 일자리를 제공했다.

1 '주다'의 의미를 가진 수여동사

give, send, bring, offer, write, read

· The man **writes** her a letter every day.
  그 남자는 그녀에게 매일 편지를 쓴다.

· Can you **give** me another chance?
  한 번 더 기회를 주시겠어요?

2 주의해야 할 4형식 동사

convince 확신시키다 inform 알려주다 promise 약속하다 ask 묻다 remind 생각나게 하다 show 보여주다 tell 말해주다 teach 가르쳐주다	사람	that절 what절 if절 whether절 의문사절 to RV 의문사 + to RV

※ 「convince, ask, tell, teach + O + to RV」의 경우 5형식으로 보는 것이 정확한 분석이나, 학습의 편의를 위해서 묶어 설명한다.
   또한, inform은 to부정사를, ask는 that절을 직접목적어로 취할 수 없다.

· He **convinced** me to believe his innocence.
   그는 내가 그의 결백을 믿도록 납득시켰다.

· You **promised** me that you'd be home early tonight.
   당신은 나에게 당신이 오늘밤 일찍 집에 갈 거라고 약속했다.

3 3형식으로 전환 시 전치사에 주의해야 하는 4형식 동사

4형식 문장을 3형식 문장으로 전환 시, 간접목적어(IO) 앞에 사용하는 전치사에 주의해야 한다. 이때 동사 뒤에는
주로 사물 목적어가 오고, 사람 목적어는 전치사 뒤로 이동한다.

S + V + DO + to + IO	give, teach, offer, bring, send, sell, hand, lend
S + V + DO + for + IO	make, buy, find, get, choose
S + V + DO + of + IO	ask, inquire, demand, require, beg, request

· Oxygen **gives** us life.
   → Oxygen **gives** life **to** us.
   산소는 우리에게 생명을 준다.

· I'll **make** you a tuna sandwich.
   → I'll **make** a tuna sandwich **for** you.
   나는 너에게 참치 샌드위치를 만들어 줄 것이다.

· The interviewer **asked** me a sensitive question.
   → The interviewer **asked** a sensitive question **of** me.
   그 면접관은 나에게 민감한 질문 하나를 물었다.

5 5형식 동사

타동사가 목적격 보어를 이용하여 문장을 완성하는 경우에 쓰인다.

해석: 주어(S)는 목적어(O)가 목적격 보어(OC)하도록/하는 것을/하게 동사(V)하다

1 대표적인 5형식 동사

make ~하게 만들다 keep 유지하다 find 발견하다 think 생각하다	목적어	목적격 보어

- She always **makes** me happy.

  그녀는 언제나 날 행복하게 만든다.

- The parents **found** the child safe and well.

  부모님은 그 아이가 무사하고 건강하다는 것을 발견하였다.

2 주의해야 할 5형식 동사

❶ 지각동사

see, watch, observe 보다 hear, listen to 듣다 notice 알아채다 feel 느끼다	목적어 ~가	RV / RVing / p.p. ~하는 / 되는 것을

- I **saw** you put the key in your pocket.

  나는 당신이 당신의 주머니에 열쇠를 넣는 것을 보았다.

- She **watched** the kids playing in the yard.

  그녀는 아이들이 마당에서 놀고 있는 것을 보았다.

- He **heard** his name called from behind.

  그는 뒤에서 자기 이름이 불리는 것을 들었다.

❷ 사역동사

let ~하게 하다(허락) have ~하게 하다(요청, 부탁) make ~시키다(강요)	목적어 ~가	RV / p.p. ~하도록 / 되도록

※ let의 목적어와 목적격 보어가 수동의 관계인 경우, 목적격 보어 자리에 be p.p.를 사용한다.

※ 「have/get + O + p.p.」가 나쁜 일인 경우, have/get을 '당하다'라고 해석해야 한다.

· They won't **let** him leave the country.

그들은 그가 나라를 떠나지 못하게 할 것이다.

· They **made** me repeat the whole story.

그들은 내가 그 전체 이야기를 반복하도록 시켰다.

· He **had** his car repaired yesterday.

그는 어제 그의 차를 수리했다.

❸ 준사역동사

help ~하는 것을 돕다	(목적어) ~가	(to) RV ~하는 것을
get ~하게 시키다	목적어 ~가	to RV / p.p. ~하도록 / 되도록

· Come and **help** me (to) lift this box.

와서 내가 이 상자를 들어올리는 것을 도와주세요.

· Many people **got** us to put out the fire.

많은 사람들이 우리가 불을 끄도록 했다.

· He **gets** the windows cleaned every morning.

그는 매일 아침 창문을 닦는다.

❹ 목적격 보어 자리에 to부정사를 쓰는 동사

cause 야기시키다 compel 강요하다 order 명령하다 require 요구하다 enable 할 수 있게 하다 expect 기대하다 encourage 장려하다 ask 요구하다 allow 허락하다 advise 충고하다 force 강제하다 permit 허락하다 persuade 설득하다	목적어 ~가	to RV ~하도록

· The poor harvest **caused** prices to rise sharply.
  그 형편없는 수확량은 가격이 급격하게 오르도록 만들었다.

· The officer **ordered** them to fire.
  그 장교는 그들이 사격하도록 명령했다.

· I **permit** you to enter my house.
  나는 당신이 나의 집에 들어오는 것을 허락한다.

❖ 다음을 해석하세요.

01 Women with a history of depression seem more vulnerable to stroke.

01
depression 우울증
vulnerable 취약한
stroke 뇌졸중

02 Warm ocean water moving underneath the vast glaciers is causing them to melt even more quickly. (2022, 국가직 9급)

02
underneath ~의 아래에
glacier 빙하
melt 녹다

03 In 1976, at just 21, Jobs and Wozniak started Apple Computer in the Jobs' family garage.

04 Modern medicine has seen human race rely less on manual efforts and more on technology.

04
manual 수동의, 손으로 하는

05 The number of people with diabetes rose from 108 million in 1980 to 422 million in 2014.

05
diabetes 당뇨병

06 In 1857, Alfred Russel Wallace sent Darwin a paper regarding the evolution of species. (2013, 국회직 8급)

06
regarding ~에 관한

07 Bruce Lipstadt had the left hemisphere of his brain removed when he was five and a half years old. (2013, 국회직 9급)

07
hemisphere 반구
remove 제거하다

08 A vacation policy allowing employees to take unlimited time off sounds unreasonable for any company.

08
unlimited 무제한의
unreasonable 불합리한, 부당한

09 Gun violence in the United States results in tens of thousands of deaths and injuries annually.

09
violence 폭력
annually 매년

10 Advances in the development of electric cars will help us to be less dependent on oil for transportation.

10
advance 진보, 발전

11 She heard her father going down the stairs to the garden and slowly raised her head to look out the window.

12 Coffee with bitter and slightly acidic flavor has a stimulating effect in humans, primarily due to its caffeine content.

12
acidic 산성의
stimulate 자극하다

13 Like many smartphone owners, he gave himself too much time in staring at the glowing black rectangle in his pocket.

13
glow 빛나다
rectangle 직사각형

14 Many people consider her the most influential social science researcher of the twentieth century.

14
consider 간주하다, 생각하다
influential 영향력 있는
social science 사회과학

15 The thin and flexible bags made up of impenetrable material keep the food unaffected by environmental factors.

15
flexible 신축성 있는
impenetrable 뚫을 수 없는
unaffected 영향을 받지 않은

16 The accident in 1986 at Chernobyl reminded the world that we should use nuclear power responsibly.

16
nuclear power 원자력
responsibly 책임감 있게

17 All possible combinations and concentrations of different elements in the same resource made the process even more efficient.

17
combination 조합, 결합
concentration 집중, 농축

18 Vitamins, unlike carbohydrates, fats, and proteins, do not produce energy in our bodies but they regulate many of the body's functions.

18
carbohydrate 탄수화물
regulate 조절하다

19 All airlines in Brazil currently permit all passengers to check-in two pieces of baggage on international flights to and from the country.

19
currently 현재

20 Coca-Cola invented in the late 19th century by John Stith Pemberton is a leading supplier of the world soft-drink market throughout the 20th century.

20
leading 선도하는

21 The uncertain economic condition of recent years has caused union and management representatives to explore many ways of handling labor problems.

21
uncertain 불확실한
economic 경제의
union (노동)조합
representative 대표
handle 다루다

22 Some companies offer all students online teaching alternatives instead of classroom teaching due to the risk of infection of the coronavirus.

22
infection 감염

23 According to Dr. Greenspan, Bertrand Russell joined the heated intellectual debate about the selection of the best political governance structure for China.

23
heated 열띤
debate 논쟁, 토론

24 Nevertheless, travelling gives travelers a couple of advantages, such as making them explore the unknown and experience new cultures different from theirs. (2013, 기상직 9급)

24
advantage 이점

25 After a progressive program to teach the kids to wash their hands properly several times during the day, diarrhea cases dropped 69% and influenza cases dropped 55%.

25
progressive 전진하는, 점진적인
diarrhea 설사
case 사례
influenza 독감

26 Because of the impact on the environment with regards to the clearing of land for coffee-growing and water use, the markets for fair trade and organic coffee grow, notably in the USA.

26
clearing 개척
notably 특히

27 According to the Korea Statistics' data on the average annual income of an urban household with two or more people, buying a median-priced home in Seoul requires 9.2 years.

27
income 소득, 수입

UNIT 3. 그 밖의 문장의 형식

❶ 4형식처럼 해석하는 분리·박탈/인지/제공·교체 동사

형태상으로는 3형식이지만 4형식처럼 해석된다.

1 분리·박탈 동사

rob 빼앗다 deprive 빼앗다 clear 제거하다 relieve 완화시키다 cure 치료하다 strip 벗기다, 제거하다	사람 ~에게서	of 명사 명사를

· Adults have **deprived** a lot of children of a normal home life.

어른들은 많은 아이들에게서 평범한 가정 생활을 빼앗았다.

· This medicine **relieved** him of his pain.

이 약은 그에게서 고통을 완화시켰다.

2 인지 동사

convince 확신시키다 inform 알리다 remind 상기시키다 assure 보증하다 warn 경고하다 notify 통보하다	사람 ~에게	of 명사 명사를

· He **informed** them of his decision.

그는 그들에게 그의 결정을 알렸다.

· The company **reminded** us of its plans for the building.

그 회사는 우리에게 그 건물에 대한 계획을 상기시켰다.

3 제공·교체 동사

provide, supply, furnish, present 제공하다 ,	사람	with 명사
endow 부여하다 load 싣다, 적재하다 equip 갖추게 하다	~에게	명사를

· The lecture **provided** him with an opportunity to meet one of his heroes.
  그 강의는 그에게 그의 영웅들 중 한 명을 만나볼 기회를 제공했다.

· An informer **supplied** the police with the names of those involved in the crime.
  한 정보원은 경찰에게 그 범죄에 연루된 사람들의 이름을 제공했다.

② 5형식처럼 해석하는 장소·유도/금지·억제/간주 동사

형태상으로는 3형식이지만 5형식처럼 해석된다.

1 장소·유도 동사

put 두다 place 놓다 lead 이끌다 drive 몰다	목적어	전치사 + 명사(장소)
	~을/를	명사에

· He **put** the coffee on the table.
  그는 그 커피를 식탁 위에 두었다.

· His remark **places** me in a very difficult position.
  그의 발언은 나를 매우 어려운 상황에 놓는다(처하게 한다).

2 금지·억제 동사

keep, prevent, stop, discourage, hinder, prohibit 방해하다, 막다	<u>목적어</u> ~이/가	from + RVing RV하지 못하도록
deter, dissuade 단념하게 하다		
ban 금지하다		

· His ex-wife **kept** him from seeing his children.
  그의 전처는 그가 그의 아이들을 보지 못하도록 하였다.

· Rubber seals are fitted to **prevent** gas from escaping.
  고무 밀봉이 가스가 새 나가지 못하도록 끼워져 있다.

cf persuade + O + into RVing

· He **persuaded** me into buying things I don't want.
  그는 나를 설득해서 내가 원하지 않는 물건을 사게 했다.

3 간주 동사

see, regard, consider, look upon, think of 간주하다, 여기다	<u>목적어</u> ~를	as + 명사/형용사 명사/형용사로

· Paul seemed to **regard** using a credit card as sinful and immoral.
  Paul은 신용카드를 사용하는 것이 죄가 되고 부도덕하다고 간주하는 것 같다.

· They always **thought of** Kate as someone to avoid.
  그들은 언제나 Kate를 피해야 할 누군가라고 여겼다.

❖ 다음을 해석하세요.

01 The reflective mood of the song reminded him of a recent trip to the Himalayas.

01
reflective 사색적인, 반영하는

02 A carefully expressed purpose will help anchor your essay and keep it from aimlessly floating all over. (2012, 법원직 9급)

02
anchor 고정시키다
aimlessly 목적 없이
float 떠다니다

03 A business enterprise should look upon consumers' demands as the most important thing.

03
enterprise 기업

04 The Korean government presented coach Guus Hiddink with honorary citizenship and a passport.

04
present 수여하다
honorary 명예의
citizenship 시민권
passport 여권

05 A number of gun advocates consider ownership a birthright and an essential part of the nation's heritage. (2020, 국가직 9급)

05
advocate 옹호자, 지지자
birthright 생득권
heritage 유산

06 Across the nation, people from all walks of life took measures to keep the flu from spreading among their workforce.

06
all walks of life 사회 각계각층
workforce 노동자

07 In an effort to curb my distracting explanation, the proctor led me to an empty seat and put a test booklet in front of me. (2018, 지방직 9급)

07
curb 막다, 억제하다
distracting 산만한
explanation 설명
proctor 시험 감독관

08 Also, a very rapid response time may deprive the parties concerned of the opportunity to solve the problems by themselves.

08
rapid 빠른, 신속한
response 반응, 응답
party 당사자
concerned 관련된

09 For example, in American culture, it is easy to think of work simply as a means to accumulate money and make a living.

09
accumulate 모으다, 축적하다
make a living 생계를 꾸리다

10 The pandemic coronavirus has suspended production of the movies and stripped film industry workers of their jobs.

10
pandemic 세계적인 유행병(의)
suspend 중단하다

11 Ignorance and superstition about law and legal process prevent some members from benefiting from modern civil system of justice.

11
ignorance 무지
superstition 미신
civil system of justice 민사 사법
제도

12 The disharmony between congress and the president during economic slowdown robbed them of some prestige and confused people looking for stability.

12
disharmony 불협화음
slowdown 둔화, 침체
rob 빼앗다
prestige 위신
confuse 혼란시키다

13 Many psychologists see the home as the most natural learning environment, and originally the home was the classroom, long before schools were established. (2020, 국가직 9급)

13
psychologist 심리학자
originally 원래, 본래
establish 설립하다

14 The receptionist on the second floor will provide you with information concerning benefits available to you in connection with the termination of your employment.

14
receptionist 접수원
concerning ~에 관해
benefit 이익, 수당, 보조금
in connection with ~와 관련되어
termination 종료, 폐지

15 The apparent failure of the U.S. intelligence on Iraq reminds us of the need for a thorough review of all information that has so far surfaced concerning the North Korean WMD.

* WMD(Weapons of Mass Destruction) 대량 살상 무기

15
apparent 또렷한, 명백한
intelligence 정보부
thorough 철저한, 면밀한
surface 수면으로 떠오르다, 표면화 되다

16 Andrew Carnegie, as one of the richest people in history, led the remainder of his life to large-scale philanthropy, with special emphasis on local libraries, world peace, education, and scientific research.

16
remainder 나머지
philanthropy 자선사업, 자선활동

UNIT 4. 품사편 총정리

❖ 다음을 해석하세요.

🎵 정답 및 해설: 15p

01 Russia and Saudi Arabia helped drive oil prices to their lowest
levels in 18 years.

02 Because society has deprived women of many equal rights,
feminists have fought for equality. (2014. 경찰직 1차)

03 Last year, more than half of the box-office revenues of Japan's
movie industry came from animations.

03
box-office 흥행의, 인기를 끄는
revenue 수익

04 Many people in South Korean society consider education as the
main propeller of social mobility for themselves.

04
propeller 추진기
social mobility 사회적 유동[이동]성

05 If you want to have one of the most enjoyable and personally
profitable evenings of your life, don't pass up this course.

05
enjoyable 즐거운
profitable 유익한
pass up 놓치다

06 Spiders live in all different kinds of climates and environments from blazing deserts to damp caves and towering mountain tops. (2009, 국가직 7급)

06
blazing 타오르는
damp 축축한
towering 우뚝 솟은

07 Governments should continuously remind themselves that a mix of short-term relief and medium-term recovery efforts can stop droughts from turning into famines.

07
recovery 복구, 회복
famine 기근

08 English midwives would place a loaf of bread at the foot of a new mother's bed to prevent the woman and her child from being kidnapped by evil spirits. (2015, 국가직 7급)

08
midwife 산파
loaf 덩어리
kidnap 납치하다

09 However, elevated levels and/or long term exposure to air pollution can lead to more serious symptoms and conditions affecting human health. (2016, 법원직 9급)

09
elevated 높은, 고상한
lead to 초래하다
symptom 증상
condition 상태
affect 영향을 주다

10 An increased awareness of the effects of plastic bags has caused many states and countries to implement plastic bag related legislation. (2018, 경찰직 2차)

10
awareness 인식
implement 시행하다
legislation 법률의 제정

11 Globalization refers to increasing global connectivity, integration and interdependence in the economic, social, technological, cultural, political, and ecological spheres. (2008, 지방직 7급)

11
globalization 세계화
refer to ~를 나타내다; ~에 대해 언급하다
connectivity 연결성
integration 통합
interdependence 상호의존
ecological 생태계의, 생태학의
sphere 분야

12 Doctors think of cosmetic surgery as an improvement on normal parts of the body with the only purpose of improving a person's appearance or removing signs of aging.

12
cosmetic surgery 성형수술
appearance 외모

13 Workers in manufacturing jobs are likely to suffer serious health problems as a result of the noise, or the stress from mechanical requirements of the assembly line.

13
be likely to ~하기 쉽다
suffer 겪다
requirement 요구
assembly line 조립라인

14 The viability of reclaimed water for indirect potable reuse should be assessed with regard to quantity and reliability of raw water supplies, the quality of reclaimed water, and cost effectiveness.

14
viability 실행 가능성
reclaimed 재생된
potable 마시기에 적합한
assess 평가하다
with regard to ~에 관해서
reliability 신뢰도
raw 익히지 않은, 날것의

15 Millions of people suffering from watery and stinging eyes, pounding headaches, sinus issues, and itchy throats, sought refuge from the debilitating air by scouring stores for air filters and face masks. (2017, 서울시 9급)

15
watery 눈물이 흐르는
stinging 따가운
pounding 지끈거리는
sinus 부비강
itchy 가려운
debilitating 쇠약하게 하는
scour 샅샅이 뒤지다

16 Since industry and commerce are the largest users of electrical energy, using less electricity would mean a reduced industrial capacity and fewer jobs in the affected industries and therefore an unfavorable change in our economic structure.

16
electrical 전기의
reduce 줄이다
capacity 능력
affected 영향을 받은
unfavorable 좋지 않은

17 Persons with great potential ability sometimes fall down on the job because of laziness or lack of interest in the job, while persons with mediocre talents have often achieved excellent results through their industry and their loyalty to the interests of their employers.

17
potential 잠재적인
fall down on the job 일을 제대로 하지 않다
laziness 게으름, 나태함
mediocre 보통의, 이류의
industry 근면성
loyalty 충실, 충성

18 As a principal dictionary of the English language, the Oxford English Dictionary provides scholars and academic researchers with a comprehensive resource, in addition to describing usage in its many variations throughout the world.

18
principal 주요한
scholar 학자
comprehensive 포괄적인, 종합적인
in addition to ~일 뿐 아니라
variation 변형

심우철
합격영어 1.구문

최소시간 X 최대효과
초고효율 심우철 합격영어

Chapter

04

절

절

· 절과 접속사
· 관계사·의문사 해석법
· 절 해석법
· 기타 접속사 해석
· 다양한 접속사의 개념과 의미

UNIT 1. 절과 접속사

1 문장과 절의 차이

문장은 마침표로 끝이 나지만, 절은 마침표로 끝나지 않으며 다른 문장 속에 포함된다는 특징이 있다.

구	둘 이상의 단어들이 모여 한 의미 단위를 이루는 것을 '구'라고 한다. 문장에서 하는 역할에 따라 명사구, 동사구, 형용사구, 부사구로 나눈다.
절	I know that Shim is handsome. 나는 Shim이 잘생겼다는 것을 안다. 둘 이상의 단어들이 모여서 하나의 의미 단위를 이루는데 '주어 + 동사'가 있는 것을 말한다. 종속절 앞에는 반드시 접속사, 관계사, 의문사 중 하나가 있다. 또한 [접속사 + 절]은 하나의 단위로 문장 안에서 하나의 품사·문장 성분 역할을 한다.
문장과 절의 차이	문장은 '주어+동사'가 있다는 점에서 절과 동일하지만, 다음과 같은 차이점이 있다. ① 절은 접속사, 관계사, 의문사를 가진다. → Shim is handsome 앞에 접속사 "that"이 위치한다. ② [접속사 + 절]이 문장 안에서 하나의 문장 성분 역할을 한다. (종속절의 경우) → that(접속사) + Shim is handsome(절)이 know에 대한 목적어 역할을 한다.

· **Shimson is handsome.** [문장]

　심슨은 잘생겼다.

· **I know that Shimson is handsome.** [절]

　나는 심슨이 잘생겼다는 것을 안다.

2 절을 이끄는 접속사의 종류

문장 안에 포함되어 명사절, 형용사절, 부사절을 이끈다.

명사절을 이끄는 접속사	what, whether, that, if, 의문사, 복합관계대명사
형용사절을 이끄는 접속사	관계대명사(who, which, that), 관계부사(when, where, why, how)
부사절을 이끄는 접속사	복합관계부사, 나머지 모든 접속사(as, after, before, since, because, (al)though 등)

· Scientists are those who decide **whether** science itself is good or bad.

　과학자들은 과학 자체가 좋은지 나쁜지를 결정하는 사람들이다.

· The entire village **where** the victim had lived was vaccinated.

　피해자가 살던 마을 전체가 백신 접종을 받았다.

· **Although** most people think that snakes are slimy and wet, the opposite is true.

　비록 대부분의 사람들이 뱀이 끈적끈적하고 습하다고 생각하지만, 사실은 그 반대이다.

UNIT 2. 관계사·의문사 해석법

– 문장 안에서 관계대명사와 관계부사는 앞의 선행사를 수식하는 형용사절을 이끈다.

– 관계대명사와 관계부사를 그냥 하나의 뜻을 가진 단어로 생각하라.

– 관계대명사는 "그런데 그 명사"라는 뜻의 대명사로, 관계부사는 "그런데 그 명사에서(에선)"라는 뜻의 부사로 생각하라.

① 관계대명사와 관계부사 해석법

1 관계대명사: 접속사 + 대명사 → 그런데 그 명사

문장성분 선행사	주어 그런데 그 명사는	목적어 그런데 그 명사를	소유격 그런데 그 명사의
사람	who	whom	whose
사물, 동물	which	which	of which, whose
사람, 사물, 동물	that	that	X

· I have a **sister**. + **She** is a writer.

　= I have a sister **who** is a writer.

　나는 여동생이 있다. <그런데 그 여동생은> 작가이다.

· I studied for my degree in London **which** had students from various countries.

　나는 학위를 위해 런던에서 공부했다. <그런데 런던은> 여러 나라에서 온 학생들을 가지고 있었다.

· She is an outstanding teacher **whom** students most like.

　그녀는 뛰어난 선생님이다. <그런데 그 선생님을> 학생들이 가장 좋아한다.

· My grandmother has made delicious bread **that** our family eats for more than 30 years.

　우리 할머니는 맛있는 빵을 만드셨다. <그런데 그 빵을> 우리 가족은 30년 넘게 먹는다.

· He bought a vehicle **whose** engine was in front of the windshield.

　그는 자동차를 샀다. <그런데 그 자동차의 엔진은> 앞유리 앞에 있었다.

2 관계부사: 접속사 + 부사 → 그런데 그 명사에서(에선)

선행사	관계부사	해석
장소 (the place)	where	그런데 그 장소에서
시간 (the time)	when	그런데 그 시간에
이유 (the reason)	why	그런데 그 이유로
방법 (the way)	how	그런데 그 방법으로

· He lives near the Han River **where** many Koreans enjoy their leisure time.

그는 한강 근처에서 산다. <그런데 한강에서> 많은 한국인들이 그들의 여가 시간을 즐긴다.

+👤 SHIMSON'S COMMENT

단, 관계부사 how와 선행사 the way는 함께 사용할 수 없으며 반드시 둘 중 하나를 생략해야 해요.

· Tonight, my parents will go to Namsan Tower **where** father proposed to mother around Christmas Eve.

오늘밤 우리 부모님은 남산타워에 갈 것이다. <그런데 남산타워에서> 아버지는 크리스마스 이브 무렵에 어머니에게 청혼을 했다.

· She has felt confident about her health since 2010 **when** she was diagnosed with cancer.

그녀는 2010년 이후 그녀의 건강에 대해 자신감을 느끼고 있다. <그런데 2010년에> 그녀는 암 진단을 받았다.

3 전치사 + 관계대명사: 그런데 그 명사 + 전치사

under which 그런데 그 명사 하에   for whom 그런데 그 명사를 위해

· The speaker explained the condition **under which** freedom of the citizens can be promoted.

그 연설자는 시민들의 자유가 증진될 수 있는 조건을 설명했다.

· The writer is a man **for whom** I have the greatest admiration.

그 작가는 내가 가장 존경하는 사람이다.

4 부정 수량대명사(one, both, some, all) + of + 관계대명사: 그런데 그 명사 중의 수량대명사

one of which 그런데 그 명사 중의 하나	both of whom 그런데 그 명사 둘 다

※ '수량대명사 + of + 관계대명사'는 계속적 용법에서만 사용된다.

· He has two cars, **one of which** is used every day.
　그는 차 두 대가 있는데, 그 중 하나는 매일 사용된다.

· Two teenagers **both of whom** live in London have been charged with the crime.
　런던에 살고 있는 십대 두 명이 그 범죄로 체포되었다.

② 의문사와 복합관계사 해석법

1 의문사

→ 관계사와는 달리 선행사가 없고, 명사절을 이끈다.

	who	whose	which	what
의문대명사 의문형용사	누가	누구의	① 어느 것 ② which + 명사: 어느, 어떤	① 무엇 ② what + 명사: 무슨, 어떤
	when	where	why	how
의문부사	언제	어디서	왜	① how + S + V: 어떻게 ② how + 형·부 + S + V: 얼마나

※ what은 선행사를 포함한 관계대명사로 쓰이는 경우에도 명사절을 이끈다.

· There are many theories about **why** the dinosaurs went extinct.
　공룡이 왜 멸종되었는지에 대한 많은 이론들이 있다.

· Mary wondered **where** her son lost his wristwatch.
　메리는 아들이 어디서 손목시계를 잃어버렸는지 궁금했다.

· This match will show **who** is the best team in the world.
　이번 경기는 세계 최고의 팀이 누구인지 보여줄 것이다.

· The man asked her **what** kind of things she did in her spare time.
　남자는 그녀에게 여가 시간에 어떤 것을 했는지 물었다.

cf 의문사 + to RV: '의문사 + to부정사'는 하나의 명사구를 이루며, 의문사의 뜻을 살려 명사처럼 해석한다. (단 'why to RV'는 불가하다.)

· I didn't know **whom** to talk to at the party.
    나는 파티에서 누구에게 말을 걸어야 할지 몰랐다.

· **Which** book to read is very important for children.
    어떤 책을 읽을 것인지는 아이들에게 매우 중요하다.

· I need to decide **what** to wear for the upcoming interview.
    나는 다가오는 면접을 위해 무엇을 입을지 결정해야 한다.

· Can you show me **how** to use it correctly?
    나에게 그것을 올바르게 사용하는 방법을 보여줄 수 있니?

· Let me tell you **where** to put the key.
    열쇠를 어디에 두어야 할지 알려줄게.

2 복합관계대명사

→ 관계대명사(who / which / what) + ever: '모든'이라는 의미가 담겨 있다.

❶ 선행사를 포함하여 명사절로 쓰이는 경우
❷ 양보의 뜻인 부사절로 쓰이는 경우 (= no matter who, whom, whose / no matter which / no matter what)

whoever / whomever / whosever	① 명사절: ~하는 사람이면 누구든, 누구나 ② 부사절: ~하는 사람이면 누구든지 간에
whichever / whatever	① 명사절: ~하는 것이면 어느 것/무엇이든 ② 부사절: ~하는 것이면 어느 것/무엇이든지 간에

· **Whoever** wishes to go there can go.
    거기에 가고 싶은 사람이라면 누구든 가도 된다.

· **Whichever** they choose, we must accept their decision.
    그들이 어떤 것을 선택하든 간에, 우리는 그들의 결정을 수락해야만 한다.

3 복합관계부사

→ 관계부사(when / where / how) + ever : '모든'이라는 의미가 담겨 있다.

whenever	~할 때마다, ~할 때면 언제든 (= no matter when)
wherever	~한 곳 어디에나, 어디든지 (= no matter where)
however	however + 형용사/부사 + S + V: 아무리 ~해도 (= no matter how)

· **Wherever** you are, I will be with you.
당신이 어디에 있든, 나는 당신과 함께 할 겁니다.

· **However** tired you may be, you must do it today.
아무리 네가 피곤하다고 하더라도, 너는 오늘 그것을 반드시 해야 한다.

· **However** much money you have, you may not be happy.
아무리 네가 돈이 많아도 행복하지 않을 수 있다.

 유사관계대명사

부정어[not, no, never] ~ but	~하지 않는, ~이 아닌, ~ 없는 *but = that ~ not (~하지 않는)
비교급 ~ than	~보다
the same / as / so / such ~ as	~와 같은, ~만큼, ~와 마찬가지로
문장 전체가 선행사인 as	앞[뒷] 문장이 그렇듯이 *앞 문장, 뒷 문장 전체를 선행사로 가지는 관계대명사

· There is no rule **but** has exceptions. [but = that ~ not]
예외 없는 규칙은 없다.

· She offered more **than** could be expected.
그녀는 기대된 것 이상으로 더 많은 것을 주었다.

· He bought the same book **as** I have.
그는 내가 가진 책과 같은 것을 샀다.

· **As** is often the case with kids, he is afraid of dentists.
아이들이 종종 그렇듯이, 그는 치과 의사를 무서워한다.

EXERCISE

🎧 정답 및 해설: 18p

❖ 다음을 해석하세요.

01 From time to time we must look up words whose meanings we do not know.

01
from time to time 때때로
look up 찾아보다

02 There are many organizations whose sole purpose is to help mentally retarded children.

02
organization 기관, 단체
sole 유일한
retarded 정신 발달이 늦은

03 One of Heungseon Daewongun's major achievements was rebuilding Gyeongbok Palace which was burnt down during the Japanese invasion in 1592.

03
rebuild 재건하다
palace 궁전
invasion 침략

04 Environmental scientists chose two Chicago public housing projects, both of which had some buildings with lots of trees nearby, and some with practically none.

04
public housing (저소득층) 공공 주택
practically 사실상

05 Similarly, corn in Latin America is traditionally ground or soaked with limestone, which makes available a B vitamin in the corn, the absence of which would otherwise lead to a deficiency disease.

05
similarly 마찬가지로
grind 갈다
soak 담그다
limestone 석회암
available 이용할 수 있는
absence 부재
otherwise 그렇지 않으면
deficiency disease 결핍성 질환

06 There are times when even the best leaders lose their emotional balance. (2020, 경찰직 1차)

06
emotional 정서적인, 감정적인

07 Clearly, modern societies are facing a major change into a new economic system where human resourcefulness counts far more than natural resources.

07
face 직면하다
economic 경제의
human resourcefulness 인적 자원
count 중요하다
natural resource 천연자원

08 Climate change has narrowed the range where bumblebees are found in North America and Europe in recent decades, according to a recent study, published in the journal *Science*. (2017, 사회복지직 9급)

08
narrow 좁히다
bumblebee 호박벌

09 I approached the tree in which many soldiers had been hanged in the war.

09
approach 접근하다, 다가가다
hang 교수형에 처하다

10 The origin of new species, which the nineteenth-century English naturalist Charles Darwin once referred to as "the mystery of mysteries," is the natural process of speciation responsible for generating this remarkable diversity of living creatures with whom humans share the planet. (2020, 국가직 9급)

10
naturalist 자연주의자
speciation 종 분화
remarkable 놀라운, 주목할 만한

11 Have you decided which one you're going to buy?

12 Who we are is reflected in what we won't eat, as well as what we will. (2013, 법원직 9급)

12
reflect 반영하다

13 Nobody could understand where we ever got money enough to keep us with food in our bellies. (2021, 법원직 9급)

13
belly 배

14 One of the classic answers to this question is that politics is about who gets what, when and how. (2020, 국회직 8급)

14
classic 전형적인, 고전적인

15 I am convinced that there is a direct correlation between job satisfaction and how empowered people are to fully execute their job without someone shadowing them every step of the way. (2021, 지방직 9급)

15
correlation 상관관계
empower 권한을 주다
execute 수행하다
shadow 따라다니다

16 A model producing a weather forecast will give a prediction for what the conditions will be like in different parts of the world just a few days into the future. (2017, 기상직 9급)

16
prediction 예측
condition 상황

17 Not knowing what to do, I climbed up to the top of a tall tree, from which I looked around to see if I could discover anything that could give me hope.

17
look around 둘러보다

18 Leaders who carefully choose which seminars and conferences to attend may help themselves strengthen their contribution to their personal developmental goals. (2016, 지방직 9급)

18
attend 참석하다
strengthen 강화하다
contribution 기여

19 We begin to philosophize when we try to decide which pleasures are most important to us, for example, looking slim and trim on the one hand or enjoying satisfying meals on the other.

19
philosophize 철학적으로 사색하다
trim 잘 가꾼, 깔끔한
satisfying 만족스러운

20 You have either more money or more time, whichever you need most. (2015, 지방직 9급)

21 Whenever you catch yourself having a fit of worry, stop and change your thoughts. (2018, 국가직 9급)

21
fit (감정의) 북받침, 격발; (병의) 발작

22 Those who learn English as a foreign language tend to read English texts slowly and consult a dictionary whenever they come across unfamiliar words. (2015, 지방직 7급)

22
consult 찾아보다, 참고하다
come across 마주치다, 우연히 발견하다
unfamiliar 낯선

23 He was thought of as the most flattering man in our company since he accepted whatever his superiors suggested without reflective thinking. (2017, 국회직 9급)

23
flattering 아첨하는
accept 받아들이다
superior 상사
reflective 반성적인

24 Your GPS receiver can tell you your exact location and give you directions to wherever you need to go, no matter where you are on the planet! (2018, 법원직 9급)

24
exact 정확한
direction 방향

25 Whatever the source of the images in our sleeping brains may be, we need to be cautious about interpreting our own dreams or anyone else's.

25
cautious 조심하는
interpret 해석하다

26 No matter how upset you are, keep the feedback job-related and never criticize someone personally because of an inappropriate action. (2014, 국가직 9급)

26
inappropriate 부적절한

27 But the public also has a great interest in science, as is shown by the large audiences for science fiction. (2019, 서울시 7급)

28 As might be expected, older workers stay at the same job for a longer period than younger ones do. (2017, 교육행정직 9급)

29 Those who have doubts about their uses are worried that surveillance cameras are not as effective in preventing crime as have been believed. (2015, 경찰직 1차)

29
doubt 의구심
surveillance 감시
effective 효과적인

UNIT 3. 절 해석법

 문장 중간에 that이 나오면...

🔊 정답 및 해설: 22p

---

that 앞에서 끊어라!

1 that 앞에 형용사나 동사가 오면 명사절을 이끄는 접속사 that이고,
해석은 명사처럼 '~하는 것'이라고 해석한다.

· He is afraid **that** she will forget to bring the toy back. (2003, 교육행정직 9급)
그는 그녀가 장난감을 돌려주는 것을 잊을까 두렵다.

· He strongly believes **that** the alternatives offered by Jane won't work. (2013, 서울시 9급)
그는 Jane이 제안한 대안이 실효성이 없을 것이라고 굳게 믿고 있다.

2 that 앞에 명사가 나오면 관계대명사 that이고, 해석은 '그런데 그 명사'로 해석한다.

· Natural selection tends to eliminate genes **that** cause inherited diseases. (2013, 서울시 7급)
자연 선택은 유전적 질병들을 일으키는 유전자를 제거하는 경향이 있다.

❖ 다음을 해석하세요.

01 His hiring concluded an exhaustive process that collected input from all segments of the university. (2014, 지방직 9급)

> **01**
> hiring 채용
> exhaustive 철저한
> input 조언, 의견
> segment 부분

02 The modernization theory of aging suggests that the role and status of older adults are inversely related to technological progress. (2019, 법원직 9급)

> **02**
> aging 고령화
> inversely 반비례적으로

03 Researchers have developed a new model that they said will provide better estimates about the North Atlantic right whale population. (2017, 국가직 9급)

> **03**
> estimates 추정치
> population 개체 수

04 When the moderator asked him if age was a concern in the election, he famously replied that he would not make age an issue of that campaign. (2015, 교육행정직 9급)

04
moderator 사회자
concern 우려, 걱정
election 선거
campaign 운동

05 People in his experiments were told that a spot of light projected on the wall would move and were instructed to estimate the amount of movement. (2015, 지방직 9급)

05
spot 지점
project 투영하다
instruct 지시하다
estimate 추정하다

06 From a mother's embracing of her baby that forms the foundation of the self, to the holding of hands between a son and his dying father that allows a final letting go, touch is our most intimate and powerful form of communication.

06
embrace 포옹하다, 받아들이다
foundation 기본, 기초, 토대
self 자아
dying 죽어 가는
intimate 친근한

07 Chile is a Latin American country that throughout most of the twentieth century was marked by a relatively advanced liberal democracy on the one hand and only moderate economic growth, which forced it to become a food importer, on the other. (2011, 지방직 9급)

07
liberal 자유주의의
democracy 민주주의
moderate 보통의
importer 수입국

참고 예외적인 경우

01 He informed her that his baby had a special disease.

01
disease 질병

02 His idea is that people should try to preserve our environment.

02
preserve 보존하다
environment 환경

03 The three-penny tax on tea was so exorbitant that our revolutionary fathers fought and died. (2013, 서울시 7급)

03
exorbitant 과도한, 지나친
revolutionary 혁명의, 혁명적인

04 I agree to the idea that good behavior must be reinforced with incentives.

04
reinforce 강화하다
incentive 인센티브, 장려책

2 문장 중간에 「주어(S) + 동사(V)」가 나오면...

🎵 정답 및 해설: 24p

「주어(S) + 동사(V)」 앞에 that이 생략되었다!

1 목적격 관계대명사 that이 생략된 경우

· The learning and knowledge **(that)** we have is little when compared with that of which we are ignorant. (2013, 국가직 9급)

우리가 가지고 있는 학식이란 우리가 모르고 있는 것과 비교하면 적다.

2 명사절을 이끄는 접속사 that이 생략된 경우

· The environment ministry said **(that)** only 26 percent of the country was below sea level.
(2010, 서울시 9급)

환경부는 나라의 오직 26%만이 해수면 아래에 있다고 말했다.

❖ 다음을 해석하세요.

01 The short-term chaos we see with weather forecasts tends to smooth out over decades and centuries. (2017, 기상직 9급)

01
chaos 혼돈
smooth 잠잠해지다

02 When you concentrate on the one task of your priorities, you will find you have energy that you didn't even know you had.

(2018, 지방직 9급)

02
concentrate 집중하다
priority 우선사항

03 A lot of our fear of death is about losing the things we have built up, but elderly people let go of their attachment to these things.

(2017, 서울시 7급)

03
let go (of) ~에서 손을 놓다, 풀어
주다; 해고하다
attachment 애착

04 When Jesse and Rachel got married, they knew they wanted to live in a traditional nuclear family — mother, father, and biological children. (2008, 국가직 9급)

04
traditional 전통적인
nuclear family 핵가족
biological child 친자

05 A nearly equal number of people also said they would seek emergency medical care for their pets before obtaining it for themselves. (2015, 법원직 9급)

05
equal 같은
seek 구하다
obtain 받다

06 The study showed the ability of students to retain knowledge about words improved after one night sleep even if the students lost some of that knowledge during the day.

06
retain 유지하다; 보유하다

07 The Native Americans they met were considered to be savage peoples, with none of the characteristics of European civilization, nor did they possess true religion according to this view. (2015, 교육행정직 9급)

07
savage 야만적인
civilization 문명
possess 지니다
religion 종교

08 Dr. Weil suggests this antioxidant protects our heart by lowering cholesterol and boosting metabolism, and guards against cancer by removing radicals that can damage cells and push them in the direction of uncontrolled growth. (2014, 사회복지직 9급)

08
antioxidant 항산화제
boost 촉진시키다
metabolism 신진대사
guard against ~이 생기지 않도록
조심하다
radical 라디칼, 근치 (질환의 근본이
되는 구역 부근)

09 Advertising studies in Martin Lindstorm's book Brand Sense suggest that although most contemporary commercial messages are aimed at our eyes, many of the emotional moments people remember on a given day are actually prompted by smell. (2014, 법원직 9급)

09
contemporary 현대의
commercial 상업의
aim 겨냥하다
emotional 감정적인
prompt 유발하다

문장 맨 앞에 「명사 + 관계대명사(관계부사)」가 나오면...   🎵 정답 및 해설: 25p

두 번째 동사 앞에서 끊어라!

선행명사 + (that) + S + V1 ~ V2 해석법

관계사절이 짧은 경우	[V1한/하는] 선행명사가 V2한다.
관계사절이 긴 경우	선행명사 [그런데 그 명사는 V1하는데] 그런 명사는 V2한다.

· The consumers who use home shopping are now trendier than in the past. (2013, 지방직 7급)
  V1   V2
  홈쇼핑을 이용하는 소비자들은 과거보다 지금 더 유행에 민감하다.

· Most people who become overweight or get heart attacks are unhealthy because they eat too much food with the wrong types of fat. (2011, 법원직 9급)
  과체중이 되거나 심장 마비를 겪는 대부분의 사람들은 잘못된 유형의 지방이 들어있는 음식을 너무나 많이 먹기 때문에 건강하지 않다.

❖ 다음을 해석하세요.

01 The task which confronts him is not different from that which faced his predecessor. (2008, 국가직 7급)

01
confront 직면하다
different from ~와 다른
face 직면하다
predecessor 전임자

02 The President, who is elected by nationwide direct ballot, is the head of state and serves a single five-year term. (2018, 국회직 8급)

02
nationwide 전국적인
ballot 투표, 선거
serve 근무하다, 임기 동안 일하다

03 Professor Taylor, who wrote "What are Children for?," believes that the status of fatherhood has been affected by modern life.

(2012, 국가직 9급)

03
status 지위
fatherhood 아버지
modern 현대의

04 The major reason why spelling in English is difficult is that modern English spelling shows old English pronunciation. (2011, 지방직 9급)

04
pronunciation 발음

05 A man who shoplifted from the Woolworth's store in Shanton in 1952 recently sent the shop an anonymous letter of apology.

(2012, 국가직 9급)

05
shoplift 가게 물건을 훔치다
anonymous 익명인
apology 사과

06 Thus a person with a high metabolic rate who consumes greater calories may actually be producing more harmful forms of oxygen than someone with a slower metabolic rate. (2020, 경찰직 1차)

06
metabolic rate 신진대사율

07 One study that measured participants' exposure to thirty-seven major negative events found a curvilinear relationship between lifetime adversity and mental health. (2020, 경찰직 1차)

07
participant 참가자
exposure 노출
curvilinear 곡선적인
adversity 역경, 고난

08 The right to wield power and the extent to which an authority should wield power must be questioned and negotiated lest the power be abusive and lead to injustice and unfairness. (2015, 지방직 9급)

08
wield 행사하다
authority 권한, (보통 *pl.*) 권위자, 정부 당국
negotiate 협상하다
lest ~하지 않도록
abusive 남용하는

09 One of the challenges we face in the world today is that a lot of the information we get about other people and places comes from the advertising and entertainment we see in the media. (2014, 국가직 9급)

09
challenge 도전
face 직면하다

10 A Caucasian territory whose inhabitants have resisted Russian rule almost since its beginnings in the late 18th century has been the center of the incessant political turmoil. (2013, 지방직 9급)

10
territory 영토
inhabitant 주민
resist 저항하다
beginning 초기
incessant 끊임없는
turmoil 혼란

UNIT 4. 기타 접속사 해석

접속사 + S₁ + V₁, S₂ + V₂ / S₁ + V₁, 접속사 S₂ + V₂

정답 및 해설: 27p

---

1 접속사가 문두에 나오는 경우 (접속사 + S₁ + V₁, S₂ + V₂)

두 번째 문장 앞에서 끊어라!

· **When** Marjorie and Bernice reached home, they said good night at the top of the stairs.
(2011, 법원직 9급)

Marjorie와 Bernice는 집에 도착했을 때, 계단 꼭대기에서 작별인사를 했다.

2 접속사가 중간에 나오는 경우 (S₁ + V₁, 접속사 S₂ + V₂)

접속사 앞에서 끊어라!

· You are much less likely to give an accidental reply **if** you think before you speak. (2009, 서울시 9급)

말하기 전에 생각을 한다면 부주의한 대답을 할 가능성은 훨씬 적다.

❖ 다음을 해석하세요.

01 The sun is slowly getting brighter as its core contracts and heats up. (2020, 경찰직 1차)

01
core (사물의) 중심부
contract 수축하다, 줄어들다; 계약하다; (병에) 걸리다
heat up 뜨거워지다, 가열되다

02 Sarah frequently hurts others when she criticizes their work because she is so outspoken. (2010, 국가직 9급)

02
frequently 자주
hurt 다치게 하다
criticize 비판하다
outspoken 노골적으로 말하는

03 Remember to go through the pockets before you put those trousers in the washing machine. (2015, 경찰직 1차)

03
go through 살펴보다
washing machine 세탁기

04 Although the actress experienced much turmoil in her career, she never disclosed to anyone that she was unhappy. (2019, 국가직 9급)

04
turmoil 혼란, 소란
disclose 드러내다, 밝히다

05 Similarly, if pain existed but fear did not, a child would burn himself again and again, because fear would not warn him to keep away from the fire that had burnt him before. (2017, 지방직 9급)

05
exist 존재하다
fear 두려움
burn 태우다, 타다
warn 경고하다
keep away from ~을 멀리하다

06 That is, if you can convince yourself that the first draft isn't your best writing and can be made more effective with additional thought and some revision, then it will be easier to get started.

06
that is 즉, 다시 말해
convince 납득시키다
draft 초고
revision 수정

07 While I cannot promise you that your temporary contract will be extended every time it comes up for review, I can tell you that there do not seem to be any obstacles to further extensions.

07
temporary 일시적인
contract 계약
extend 연장하다
obstacle 장애물
extension 연장

08 Normally, these metals and chemicals may not cause many problems, because as they are taken in by the body, it works to get rid of them. (2017, 소방직 9급 하반기)

08
chemical 화학 물질
take in ~을 흡수하다; 속이다
get rid of 제거하다

09 There are growing concerns that, as the fourth industrial revolution deepens our individual and collective relationships with technology, it may negatively affect our social skills and ability to empathize. (2017, 기상직 9급)

09
concern 걱정, 우려
industrial revolution 산업혁명
deepen 심화시키다
collective 집단의
negatively 부정적으로
empathize 공감하다

10 Despite the fact that the priority should be to create infrastructure such as roads, schools, and hospitals, what often happens is that incompetent and corrupt officials end up misusing or stealing the money. (2018, 지방직 7급)

10

priority 우선사항
infrastructure 기반시설
incompetent 무능한
corrupt 부패한
misuse 남용하다

11 In his book *Feminine Faces*, Clovis Chappel wrote that when the Roman city of Pompeii was being excavated, the body of a woman was found mummified by the volcanic ashes of Mount Vesuvius.

11

excavate 발굴하다
mummify 미라로 만들다
volcanic 화산의
ash 재

12 In particular they discovered that when language learners attempt to understand speech in another language, it activates and energizes the brainstem — as ancient part of the brain. (2014, 법원직 9급)

12

in particular 특히
attempt 시도하다
activate 활성화시키다
energize 활기를 북돋우다
ancient 오래된

13 Because I mainly study traditional Chinese music, it's interesting to compare traditional Korean music with traditional Chinese music, because there are some elements that have actually remained with traditional Korean music that are no longer found in the traditional Chinese music. (2017, 경찰직 1차)

13

traditional 전통의
compare 비교하다
remain 남다

● 다양한 접속사의 개념과 의미

1 여러 절을 이끌 수 있는 접속사

whether	① 명사절	\<Whether + S + V\> + V S + V + \<whether + S + V\>	~인지 아닌지
	② 부사절	Whether + S + V, S + V S + V, whether + S + V	~이든지 아니든지 간에
if	① 명사절	S + V + \<if + S + V\> (주어로 사용할 수 없음)	~인지 아닌지
	② 부사절	If + S + V, S + V S + V, if + S + V	① 만약 ~하다면 ② 설령 ~일지라도
that	① 명사절	\<That + S + V\> + V S + V + \<that + S + V\>	~하는 것
	② 형용사절	(선행)명사 + that + 불완전한 절	~하는(선행사 수식)

2 다양하게 쓰이는 접속사

as	① 이유, 원인	~때문에
	② 시간	~할 때
	③ 비례	~함에 따라
	④ 양태	~대로, ~처럼
	⑤ 양보	~일지라도
	cf 전치사 as : (자격) ~로서	
since	① 이유, 원인	~때문에
	② 시간	~한 이래로
while	① 기간	~하는 동안에
	② 반대, 대조	~반면에

3 의미별 주요 접속사

❶ 시간을 나타내는 접속사

when	~할 때	while	~하는 동안
since	~한 후, ~한 이래	as	~할 때, ~하면서
before	~전에	after	~후에
by the time	~할 때까지, ~할 때쯤에	till = until	~할 때까지
the moment (that)	~하는 순간에, ~하자마자	as soon as	~하자마자
whenever = every time = each time	~할 때마다	the first time+S+V the last time+S+V the next time+S+V	처음으로 S가 V할 때 마지막으로 S가 V할 때 다음에 S가 V할 때

❷ 이유를 나타내는 접속사

because	~ 때문에	since	~ 때문에
as	~ 때문에	, for	왜냐하면
in that	~라는 점에서	now that	~이니까
seeing that	~이므로	on the ground that	~라는 이유로

cf 이유를 나타내는 전치사

because of = owing to = on account of = due to = thanks to	~ 때문에
on the ground of	~라는 이유로

❸ 조건을 나타내는 접속사

unless	~하지 않는다면
once	일단 ~한다면
providing (that) = provided (that)	만약 ~한다면
supposing (that) = suppose (that)	만약 ~한다면
except that	① ~을 제외하곤 ② ~이 없으면
as long as = so long as	~하는 한, ~하는 동안은
if only = on the condition that	~하기만 한다면
in case (that)	만약 ~하면, ~의 경우에 대비하여

cf 조건을 나타내는 전치사

in case of	~의 경우에

❹ 양보를 나타내는 접속사

though = although = even if = even though	비록 ~일지라도
whether ~ (or not)	~이든지 아니든지 간에
granted (that) = granting (that)	비록 ~일지라도

cf 양보를 나타내는 전치사

in spite of = despite = with all = for all = against = notwithstanding	~임에도 불구하고

❺ 목적과 결과를 나타내는 접속사

in order that + S + may/can/will + V	~하기 위해서, ~하도록
~ so that + S + may/can/will + V ~, so that + S + may/can/will + V	(목적) ~하기 위해서, (결과) 그 결과 ~하다
so/such ~ that ⋯	아주[너무] ~해서 (그 결과) ⋯하다
lest + S + (should) + RV for fear (that) S + (should) + RV	~하지 않기 위해 cf lest ~ should not (X)

● 의미별 주요 접속사 빈칸 채우기

❶ 시간을 나타내는 접속사

when		while	
since		as	
before		after	
by the time		till = until	
the moment (that)		as soon as	
whenever = every time = each time		the first time+S+V the last time+S+V the next time+S+V	

❷ 이유를 나타내는 접속사

b	~ 때문에	s	~ 때문에
as	~ 때문에	, f	왜냐하면
i	~라는 점에서	n	~이니까
s	~이므로	o	~라는 이유로

cf 이유를 나타내는 전치사

b	of = o	= o	= d	= t	~ 때문에
o					~라는 이유로

❸ 조건을 나타내는 접속사

unless	
once	
providing (that) = provided (that)	
supposing (that) = suppose (that)	
except that	
as long as = so long as	
if only = on the condition that	
in case (that)	

cf 조건을 나타내는 전치사

in case of	

❹ 양보를 나타내는 접속사

though = although = even if = even though	
whether ~ (or not)	
granted (that) = granting (that)	

cf 양보를 나타내는 전치사

i	= d	= w	= f	= a	= n	~임에도 불구하고

❺ 목적과 결과를 나타내는 접속사

in order that + S + may/can/will + V	
~ so that + S + may/can/will + V ~, so that + S + may/can/will + V	
so/such ~ that ···	
lest + S + (should) + RV for fear (that) S + (should) + RV	

심우철
합격영어 1. 구문

최소시간 X 최대효과
초고효율 심우철 합격영어

Chapter

05

준동사

준동사

UNIT 1. 준동사의 기본 개념

❶ 준동사의 의미

– 동사를 다른 품사로 사용하기 위해 만들어진 것으로, 종류에는 부정사, 동명사, 분사 등이 있다.

 **ex** teach (동사) → ⎡ to teach (부정사)
⎣ teaching (동명사, 분사)

– 준동사는 목적어를 가질 수 있고 부사의 수식을 받는 등 동사적인 속성을 갖지만, 형식적으로는 동사가 아닌 명사, 형용사, 부사 등의 역할을 한다.

· **To learn a new language** requires a lot of repetition. [명사]
새로운 언어를 배우는 것은 많은 반복을 요구한다.

· He introduced several ways **to learn a new language** from your home. [형용사]
그는 당신의 집에서 새로운 언어를 배울 수 있는 몇 가지 방법을 소개했다.

· I took some lessons **to learn a new language**. [부사]
나는 새로운 언어를 배우기 위해 약간의 수업을 들었다.

❷ 준동사의 종류

1 부정사: to + RV ~

to + RV(동사원형)의 형태로 to부정사는 명사, 형용사, 부사의 역할을 한다.

명사일 때	~하는 것, ~하기
형용사일 때	~하는, ~한, ~할
부사일 때	~하기 위하여

· **To have a class at 8 a.m.** is so painful. [명사]
오전 여덟 시에 수업이 있는 것은 매우 고통스럽다.

· I think it's about time **for us to visit grandma**. [형용사]
내 생각엔 할머니 댁을 방문할 때가 된 것 같다.

· I studied hard this time **not to get an F**. [부사 + to부정사의 부정문]
나는 이번에 F를 받지 않기 위해 공부를 열심히 했다.

2 동명사: RVing ~

동명사는 동사에 -ing를 붙인 형태로 명사 역할을 하며 문장에서 주어, 목적어, 보어, 전치사의 목적어 자리에 위치할 수 있다. '~하는 것, ~하기' 등으로 해석한다.

· What I usually do on weekends is **reading a book.** [보어]
  내가 주말에 주로 하는 것은 책을 읽는 것이다.

· **Washing dishes** is so annoying. [주어]
  설거지를 하는 것은 매우 성가시다.

· **Not submitting the report by deadline** will give you a penalty. [동명사의 부정문]
  마감기일에 맞춰서 리포트를 제출하지 않는 것은 너에게 불이익을 줄 것이다.

3 분사: RVing(현재분사) / p.p.(과거분사)

- 분사는 동사에 -ing를 붙여 만드는 현재분사와 -ed를 붙여(또는 p.p.형태로) 만드는 과거분사가 있다.

- 형용사 역할을 하며 문장에서 주어, 목적어, 보어 자리에 쓰인 명사를 수식하거나 상태를 설명한다.

- 여기서 RVing(현재분사)는 명사와의 관계가 능동이고, p.p.(과거분사)는 명사와의 관계가 수동이다.

· A **sleeping** baby in my car is my nephew. [현재분사]
  내 차에서 자고 있는 아기는 내 조카이다.

· The girl **called Susan** is my sister. [과거분사]
  Susan이라 불리는 여자아이는 내 여동생이다.

준동사

3 준동사의 의미상 주어

| 부정사: for 목적격 | 동명사: 소유격/목적격 | 분사구문: 주격 |

cf 인칭대명사 정리(p.11)

· It is difficult **for you** to solve this problem. [to부정사의 의미상 주어]

네가 이 문제를 푸는 것은 어렵다.

· I remember **his** meeting her. [동명사의 의미상 주어]

나는 그가 그녀를 만난 것을 기억한다.

cf 부정사의 의미상 주어를 「of 목적격」으로 표현하는 형용사

kind 친절한	considerate 사려 깊은
thoughtful 친절한, 사려 깊은	polite 예의바른
rude 무례한	wise 현명한
foolish 멍청한	stupid 어리석은

· It is not **wise of you** to regard credit as a part of income. (2010. 지방직 9급)

대출금을 수입의 일부로 간주하는 것은 현명하지 않다.

4 준동사의 수동

| 부정사의 수동: to be p.p. | 동명사의 수동: being p.p. |

· The books **to be returned** are on the desk. [to부정사의 수동]

반납될 책들이 책상 위에 있다.

· He could escape the fire without **being injured**. [동명사의 수동]

그는 부상 없이 그 불을 피할 수 있었다.

UNIT 2. 분사구문

1 **분사구문은 긴 문장을 짧게 줄이는 기능을 한다.**

> · **While I waited** for my mom, I met my friend and her family.
> → **Waiting** for my mom, I met my friend and her family.
> 엄마를 기다리는 동안, 나는 내 친구와 그녀의 가족을 만났다.
>
> · **As he was considered** as an expert, he received a great welcome from them.
> → **(Being) Considered** as an expert, he received a great welcome from them.
> 그는 전문가로 여겨졌기 때문에, 그들로부터 큰 환영을 받았다.

2 **분사구문 만드는 법**

Step **1** 접속사 생략

- ~~While~~ I waited for my mom, I met my friend and her family.
- ~~As~~ he was considered as an expert, he received a great welcome from them.

Step **2** 주어 생략 (주절의 주어와 종속절의 주어가 같을 경우)

- ~~I~~ waited for my mom, I met my friend and her family.
- ~~He~~ was considered as an expert, he received a great welcome from them.

Step **3** 동사를 ~ing로 전환 (이때 being이나 having been은 생략)

- **Waiting** for my mom, I met my friend and her family.
- **(Being) Considered** as an expert, he received a great welcome from them.

🎵 정답 및 해설: 29p

01 Putting a man to death by hanging or electric shock is an extremely cruel form of punishment.

01
cruel 잔인한
punishment 형벌, 처벌

02 Asking a working writer what he thinks about critics is like asking a lamppost how it feels about dogs.

02
lamppost 가로등, 가로등 기둥

03 Hearing what other people have to say, especially about concepts we regard as foundational, is like opening a window in our minds and in our hearts. (2020, 국가직 9급)

03
foundational 기본의, 기초적인

04 To bring about an increase in exports, it is important for us to sell commodities of excellent quality and a low price. (2014, 국회직 8급)

04
bring about 초래하다, 가져오다
export 수출
commodity 상품

05 Unable to finish college because of a lack of money, he took a job as a playground instructor earning thirty dollars a week.

05
instructor 코치, 강사

06 To navigate in the dark, a microbat flies with its mouth open, emitting high-pitched squeaks that humans cannot hear. (2019, 서울시 9급)

06
emit (소리 등을) 내다
squeak 끽하는 소리

07 A new manner to represent the problem is suddenly discovered, leading to a different path to a solution heretofore unpredicted.

(2020, 경찰직 1차)

07
represent 표현하다, 나타내다
discover 발견하다
lead to ~로 이어지다
heretofore 이전에는, 지금까지는

08 Therefore, the value of the art results not only from its uniqueness but from its being the source from which reproductions are made.

08
uniqueness 독특함, 유일함
reproduction 복제, 재현, 복제품

09 To prevent software from being copied illegally and protect the copyright, above all, software companies should lower the price of their goods to a reasonable price.

09
illegally 불법적으로
copyright 저작권
reasonable 합리적인

10 When giving performance feedback, you should consider the recipient's past performance and your estimate of his or her future potential in designing its frequency, amount, and content.

(2019, 국가직 9급)

10
recipient 받는 사람
estimate 추정
potential 잠재력
design 설계하다, 의도하다
content 내용

11 In 2013, a state of emergency in Beijing resulting from the dangerously high levels of pollution led to chaos in the transportation system, forcing airlines to cancel flights due to low visibility.

(2017, 서울시 9급)

11
result from ~에서 기인하다
pollution 오염
chaos 혼란
transportation 교통
visibility 가시성

12 It has also been hypothesized that the emission of light on disturbance is advantageous to the plankton in making the predators of the plankton conspicuous to their predators.

12
hypothesize 가정하다
emission 발산
disturbance 방해
predator 포식자
conspicuous 눈에 띄는

13 Understanding the movements of heavenly bodies and the relationship between angles and distances, medieval travelers were able to create a system of longitude and latitude.

13
heavenly body 천체
medieval 중세의
longitude 경도
latitude 위도

14 To escape the chore of scraping with an old credit card, many people use warm water only to find their windscreen freezing over again once they are on the road, with potentially critical consequences.

14
chore 수고
scrape 긁다, 긁어내다
windscreen 차의 앞 유리
consequence 결과

15 These giant cacti have great value in landscape gardening, and poachers can earn thousands of dollars by uprooting them and selling them to nurseries. (2017, 국회직 8급)

15
cacti (cactus의 복수) 선인장
landscape gardening 정원 가꾸기
poacher 밀렵꾼
uproot 뿌리째 뽑다
nursery 묘목장

16 Medical illnesses such as stroke, a heart attack, cancer, Parkinson's disease, and hormonal disorders can cause depressive illness, making the sick person apathetic and unwilling to care for his or her physical needs, thus prolonging the recovery period.

16
stroke 발작
disorder 이상
depressive 우울증의
apathetic 무기력한
prolong 연장하다

UNIT 3. 준동사 해석법

① 문장 맨 앞에 RVing나 p.p.가 나오면...

🎧 정답 및 해설: 32p

콤마(,)나 동사를 찾아라!

1 문두에 「RVing나 p.p.」가 나오고 그 다음 「콤마(,) + S + V」이 나오면 분사구문

· **Looking** on at the baseball game, **he ran across** an old classmate from his high school days. (2000, 세무직 9급)
야구 경기를 보다가 그는 고등학교 때 급우를 우연히 만났다.

2 문두에 「RVing」가 나오고 콤마 없이 V가 나오면 동명사

· **Being** wise about the health benefits of sports **will ensure** a healthy lifestyle. (2011, 국가직 9급)
스포츠의 건강상의 이점에 대해 현명해지는 것은 건강한 생활을 보장할 것이다.

❖ 다음을 해석하세요.

01 Protecting the health and safety of everyone in the facility should be the first priority. (2018, 서울시 7급)

01
facility 시설, 기관

02 Recognizing the healing power of humor, many hospitals are starting to take laughing matters seriously.

02
recognize 인정하다
matter 문제

03 Monocropping vast fields with the same genetically uniform seeds helps boost yield and meet immediate hunger needs. (2017, 소방직 9급)

03
monocrop 단일 경작을 하다
vast 광활한
genetically 유전적으로
uniform 동일한
boost 늘리다
yield 수확량; 생산하다; 굴복하다
(to)

04 Representing something graphically was a significant step beyond oral description of the objects and events being portrayed. (2016, 국회직 9급)

04
represent 나타내다, 표현하다
oral 구두의
portray 묘사하다

05 Maintaining and strengthening the relationship, rather than "winning" the argument, should always be your first priority. (2017, 법원직 9급)

05
argument 논쟁

06 Suspicious of the food he was being served at his boarding house, Dr. Georg de Hevesy, a Nobel Prize winner in chemistry in 1946, conducted a simple experiment at dinner one evening.

06
suspicious 의심하는
serve 제공하다
boarding house 하숙집
conduct 수행하다
experiment 실험

07 Simply asking people to estimate the length of time they are exposed to a train of stimuli shows that novel stimuli simply seem to last longer than repetitive or unremarkable ones. (2017, 지방직 9급)

07
estimate 추정하다
a train of 일련의
stimuli (stimulus의 복수) 자극
novel 새로운
repetitive 반복적인
unremarkable 눈에 띄지 않는

08 Asked to choose the two indicators that give them the best indication of how the economy is doing, only 32 percent of the public mentions news reports on government unemployment and cost of living statistics. (2016, 기상직 7급)

08
indicator 지표
indication 나타내는 것, 표시

2 문장 맨 앞에 To RV가 나오면...

🎧 정답 및 해설: 33p

> ### 콤마(,)나 동사를 찾아라!
>
> **1** 문두에 「To RV, S + V」가 나오면 to RV는 부사적 용법으로 'RV하기 위해'로 해석
>
> · **To win** yesterday's competition, he should have spent a lot of time preparing himself but he didn't. (총무처 9급)
>
>   어제의 경기에 이기기 위해서, 그는 준비하는 데 많은 시간을 보냈어야만 했는데 그러지 않았다.
>
> **2** 문두에 「To RV + V」가 나오지만 콤마가 없고, 주어가 없이 V가 나오면 to RV는 명사적 용법으로 'RV하는 것'이라고 해석
>
> · **To solve** the problem was by no means easy. (총무처 9급)
>
>   그 문제를 푸는 것은 절대 쉽지 않았다.

❖ 다음을 해석하세요.

01 To understand the true sequence of events by other clues is essential in reading a detective story.

01
sequence 연속
clue 단서
essential 필수적인
detective story 추리소설

02 To "win hands down" which means to "win easily" or "win with little or no effort" has its origins in horse racing. (2016, 법원직 9급)

02
win hands down 쉽게 이기다
horse racing 경마

03 To import new ideas from the West, Peter demanded that young Russians go abroad to study, and he invited Europeans to visit Russia. (2015, 기상직 7급)

03
import 수입하다

04 To entice the most experienced and skilled workers, the company developed a new pay scale for workers that has minimized profits and met all union demands. (2012, 서울시 9급)

04
entice 유도하다
scale 등급, 구조
minimize 최소화하다
union 조합

05 To have a good partnership with your doctor, it is important to talk about sensitive subjects, like marital or memory problems, even if you are embarrassed or uncomfortable. (2019, 법원직 9급)

05
sensitive 민감한
marital 결혼의, 부부의
embarrassed 부끄러운, 쑥스러운

06 To avoid the condition known as digital dementia, or forgetfulness, experts suggest remembering important phone numbers in your head, and concentrating when reading magazines or newspapers.
(2014, 기상직 9급)

06
condition 증상
dementia 치매
forgetfulness 건망증
concentrate 집중하다

07 To address that problem of incentives and encourage more R&D investment, the government uses several policy tools, including appropriated spending for R&D activities, tax preferences for private sector research and development, and protection of intellectual property through the copyright and patent systems.
(2014, 국가직 7급)

07
address 다루다
incentive 장려책
R&D 연구개발
appropriate 책정하다
preference 특혜; 선호
private 민간의
sector 부문
property 재산
copyright 저작권
patent 특허권

③ **문장 중간에 RVing나 p.p.가 나오면...** 🎧 정답 및 해설: 34p

RVing나 p.p. 앞을 봐라!

1 앞에 명사가 있는 경우 → 명사를 수식하는 분사

· Americans have made decisions **based** on science rather than ideology. (2009, 국가직 7급)
미국인들은 이념보다는 과학에 기초한 결정을 내려왔다.

2 RVing 앞에 전치사나 동사가 있는 경우 → 동명사

· Aggression among animal populations can be significantly decreased only by **relocating** the competitive species. (2011, 지방직 7급)
동물 개체군들 사이의 공격성은 오직 경쟁 종을 이동시키는 것에 의해서만 상당히 감소할 수 있다.

3 ,(콤마) RVing/p.p.로 나온 경우 → 분사구문이거나 앞에 나온 명사의 보충·부연

· Good quality North American ice wines, **produced** in California and British Columbia, have recently come onto the market, **making** ice wines more affordable. (2010, 국가직 9급)
캘리포니아와 브리티시 콜롬비아에서 생산된 양질의 북미산 아이스 와인이 최근에 시장에 나와서 아이스 와인의 가격을 더욱 저렴하게 하였다.

❖ 다음을 해석하세요.

01 Astronomers today are convinced that people living thousands of years ago were studying the movement of the sky. (2011, 지방직 9급)

01
astronomer 천문학자
convince 확신시키다
thousands of 수천의

02 Children can benefit from learning how to use context clues and guessing the meaning from the context. (2016, 사회복지직 9급)

02
context 맥락, 문맥

03 In order to meet the demands of each course, Escoffier modernized meal preparation by dividing his kitchens into five different sections. (2018, 법원직 9급)

03
demand 요구
modernize 현대화하다
preparation 준비

04 An infomercial is a television commercial lasting approximately thirty minutes and used to sell a product by convincing viewers that they must have the product. (2011, 국가직 9급)

04
infomercial 정보가 많은 광고
commercial 광고
approximately 거의

05 While the first step in alleviating poverty in the developing world is providing adequate food and shelter, long-term solution to the problem must focus on other issues. (2017, 경찰직 1차)

05
alleviate 완화시키다
poverty 빈곤
developing world 개발도상국
adequate 적절한
shelter 주거지

06 They devoted themselves to hours of unpaid work for the poor and helpless, never minding that few appreciated what they were doing for society.

06
devote oneself to ~에 전념하다
unpaid 무보수의
helpless 무력한
mind 언짢아하다, 상관하다
appreciate 감사하다

07 To become successful problem solvers, they have to appreciate the theory, recognizing the logical structure and reasoning behind the mathematical methods. (2010, 국가직 9급)

07
solver 해결사
appreciate 올바르게 인식하다
logical 논리적인
reasoning 추론

08 After several frightening minutes, they found a narrow ledge and climbed on to it, hoping the snow would stop and they could continue their descent. (2015, 법원직 9급)

08
frightening 끔찍한, 무서운
narrow 좁은
ledge 절벽에서 튀어나온 바위; 선반
descent 하강

09 Among Muslims in Egypt, the bereaved are encouraged to dwell at length on their grief, surrounded by others who relate to similarly tragic accounts and express their sorrow. (2022, 국가직 9급)

09
the bereaved 유족들
dwell on ~에 머무르다
relate to ~와 관련이 있다
account 이야기

10 To him, for instance, the mythical stories of gods fighting among themselves were allegories representing the forces of nature that oppose each other, such as fire and water. (2018, 법원직 9급)

10
mythical 신화상의
allegory 우화, 풍자
represent 대표하다, 대변하다
oppose 대항하다, 대립하다

11 The evidence so far collected by archeologists and paleontologists suggests that the cradle of humankind was in East Africa, about five million years ago, when the Australopithecines first appeared. (2011, 지방직 7급)

11
archeologist 고고학자
paleontologist 고생물학자
cradle 요람
humankind 인류, 인간
Australopithecine 오스트랄로피테쿠스류(의)

12 Despite being the first person to actually build one, Joseph Dart claimed not to be the inventor of the elevator, saying instead that he had based his designs entirely on those of Oliver Evans. (2017, 지방직 7급)

12
claim 주장하다

13 Second, the telephone polls conducted tended to favor Dewey because in 1948, telephones were generally limited to wealthier households, and Dewey was mainly popular among elite voters.

(2020, 경찰직 1차)

13
conduct 실시하다, 시행하다
favor 선호하다
voter 투표자, 유권자

14 Lamarck might explain that a kangaroo's powerful hind legs were the result of ancestors strengthening their legs by jumping and then passing that acquired leg strength on to the offspring.

(2022, 국가직 9급)

14
hind 뒤쪽의
ancestor 조상
offspring. 자손, 새끼

15 Some heroes shine in the face of great adversity, performing amazing deeds in difficult situations; other heroes do their work quietly, unnoticed by most of us, but making a difference in the lives of other people.

15
adversity 역경
deed 행위
unnoticed 눈에 띄지 않는

16 The great explosion of scientific creativity in Europe was certainly helped by the sudden spread of information brought about by Gutenberg's use of movable type in printing and by the legitimation of everyday languages, which rapidly replaced Latin as the medium of discourse.

16
explosion 폭발
legitimation 합법화
medium 매개체
discourse 담론, 담화

④ 문장 중간에 to RV가 나오면...

🔗 정답 및 해설: 37p

---

to RV 앞을 봐라!

1 '**be동사 + to RV**'의 경우 → '**to RV하는 것이다**' 또는 **be to 용법**으로 해석

· The key is **to find** a form of exercise that you enjoy. (2009, 국가직 9급)
핵심은 여러분이 좋아하는 형태의 운동을 찾는 것이다.

2 '**명사 + to RV**'의 경우, 특히 명사가 way, effort, ability, time, possibility, opportunity, tendency, right이면 → **부정사는 주로 명사를 수식**

· Social media is a great way **to stay** in contact with friends and family. (2012, 사회복지직 9급)
소셜미디어는 친구들과 가족들과의 연락을 유지하는 훌륭한 방법이다.

3 그 외에 to RV의 해석 → '**목적**', '**결과**', 혹은 '**감정의 원인**'으로 해석

· Why don't you come over next Sunday **to meet** her? (2011, 지방직 9급)
다음 주 일요일에 그녀를 만나기 위해 방문하는 것이 어때?

· She eventually returned to her native country to escape the pressure, only **to find** that the media followed her there. (2009, 지방직 9급)
그녀는 결국 압박에서 벗어나기 위해 고국으로 돌아갔지만, 언론이 그녀를 따라갔다는 것을 알게 되었다.

· Somalis are very excited **to hear** the news. (2015, 국가직 7급)
소말리아인들은 그 소식을 듣고 매우 흥분했다.

❖ 다음을 해석하세요.

01 The secret of life is not to do what one likes, but to try to like what one has to do. (2013, 국가직 9급)

01
secret 비결

02 The ancient Olympics provided athletes with an opportunity to prove their fitness and superiority, just like our modern games.

(2018, 지방직 9급)

02
ancient 고대의
athlete (운동) 선수
fitness 건강
superiority 우월성
modern 현대의

03 The objective of some taxes on foreign imports is to protect an industry that produces goods vital to a nation's defense.

04 He believed that the nature of human beings is to be creative and that living a creative life is the key to human health and well-being. (2017, 국가직 9급)

05 In one smile study, people were asked to hold a pencil lengthwise between their teeth to make themselves look like they are smiling. (2015, 지방직 9급)

06 Some writers argue that the best way to minimize the explosive quality of the present arms race is somehow to develop a stable balance of terror. (2014, 국가직 7급)

07 Recent studies show that not self-control but pride, gratitude and compassion reduce the human mind's tendency to discount the value of the future, and help people succeed in life. (2018, 국회직 8급)

08 Your culture maintains an implicit schedule for the right time to do many important things; for example, the right time to start dating, to finish college, to buy your own home, or to have a child. (2018, 경찰직 1차)

03
objective 목적
vital 필수적인
defense 방어

04
nature 본성
creative 창조적인

05
lengthwise 길게

06
minimize 최소화하다
explosive 폭발적인
arms race 군비 확장 경쟁
somehow 어떻게든
stable 안정적인

07
self-control 자제력
gratitude 감사
compassion 연민
discount 무시하다

08
maintain 유지하다; 주장하다
implicit 암묵적인

〈 Further Study : be to 용법 〉

1. The meeting is to be held this afternoon. [예정]
2. You are to pay your debt as soon as possible. [의무]
3. Nothing was to be seen in the sky. [가능]
4. If you are to succeed, you must work hard. [의도]
5. He was never to come back to his country again. [운명]
6. Imagine that it's Saturday and you are to meet your friends at the mall at 12:00. [예정]

심우철
합격영어 1.구문

최소시간 X 최대효과
초고효율 심우철 합격영어

Chapter

06

동사 I

동사 I

1. 시제

UNIT 1. 그림을 통한 시제 익히기

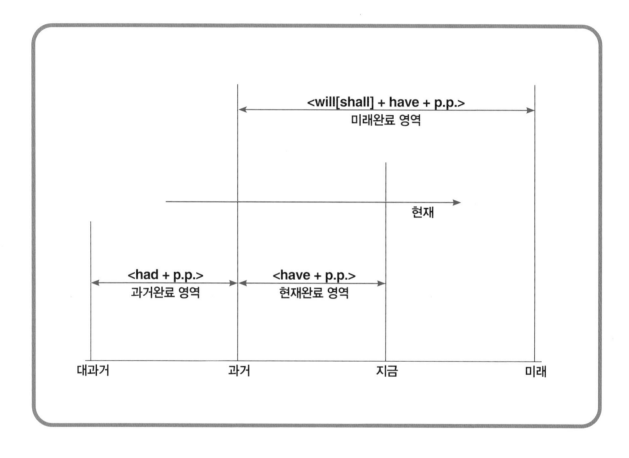

UNIT 2. 시제의 기본 개념

1 **현재 : V (~하다)**

현재의 습관·상태, 일반적인 사실·진리
⇒ 과거에 했고, 현재에 하고, 미래에도 할 것!

· My family **live** in Seoul.
우리 가족은 서울에 산다.(우리 가족은 과거에도, 지금도, 미래에도 서울에 산다.)

· I usually **get** up at 7.
나는 보통 7시에 일어난다.(반복적으로 나는 7시에 일어난다.)

· The earth **goes** round the sun.
지구는 태양의 주위를 돈다.(일반적인 사실 혹은 불변의 진리)

2 **과거 : V-ed (~했다)**

과거의 습관·상태, 역사적인 사실
⇒ 과거는 과거일 뿐

· I **met** her last weekend.
나는 지난 주말에 그녀를 만났다.(과거의 동작이나 상태)

· The Korean war **broke** out in 1950.
한국전쟁은 1950년에 일어났다.(역사적인 사실)

3 **미래 : ① will + RV (~할 것이다) ② be going to + RV (~할 예정이다)**

앞으로 미래에 일어날 일

· I **will[shall] be** 30 years old next year.
나는 내년이면 30살이 될 것이다.(미래에 일어날 일)

· Don **is going to marry** Susan soon.
Don은 곧 Susan과 결혼할 예정이다.(이미 예정된 미래의 일)

4 현재완료 : have p.p. (① ~해왔다 ② ~한 적이 있다)

1 과거-지금까지의 기간

2 과거의 동작 + 지금의 상태 (완료·경험·결과·계속)

· He's **studied** English for 2 hours.
  그는 2시간 동안 영어를 공부해왔다.(과거부터 지금까지 동작이나 상태)

· I **have been** to America three times.
  나는 미국에 세 번 가 본 적이 있다.(과거의 동작 + 현재의 상태-경험)

5 과거완료 : had p.p. (① ~해 왔었다/~했었다 ② ~한 적이 있었다)

1 과거보다 한 시제 빠른 시제(대과거)

2 과거까지의 기간 / 대과거의 동작 + 과거의 상태

· Sandra'd **never skied** before she came to Korea.
  Sandra는 한국에 오기 전까지는 스키를 타 본 적이 없었다.(과거 이전의 대과거)

· When Tom came home, Mary **had already gone** to bed.
  Tom이 집에 왔을 때, Mary는 이미 잠을 자고 있었다.(대과거부터 과거까지 동작이나 상태)

6 미래완료 : will have p.p. (① ~해 올 것이다 ② ~한 적이 있을 것이다)

과거부터 미래까지 걸리는 시제

· He **will have finished** his painting late this year.
  그는 올해 말에 그의 그림을 완성할 것이다.(과거에 그림을 그리기 시작하여 미래에 완성)

· I **will have visited** America five times if I visit once more.
  내가 한 번 더 미국에 가면, 다섯 번 방문하게 되는 것이다.
  (과거에 미국을 방문했고, 앞으로 미래에 한 번 더 방문할 경우 총 다섯 번이 됨)

진행 : be RVing (~하는 중이다)

현재·과거·미래의 특정 시점에서 동작이 진행 중

be동사에 시제를 맞출 것!

· Jim **is writing** a letter now.

　　Jim은 지금 편지를 쓰고 있는 중이다.(현재진행)

· Jim **was looking** for me when I was in the restroom.

　　Jim은 내가 화장실에 있을 때, 나를 찾고 있었다.(과거진행)

· Jim **will be thinking** about me if I go abroad.

　　내가 외국에 가면 Jim은 나를 생각하고 있을 것이다.(미래진행)

cf 완료시제 진행과 관련된 예시

· He **has been living** in Seoul for 10 years.

　　그는 10년 동안 서울에서 살아오고 있는 중이다.(현재완료진행)

· She **had been learning** Chinese for 10 years before she went to China.

　　그녀는 중국에 가기 전에 10년 동안 중국어를 배우고 있었다.(과거완료진행)

· It **will have been snowing** for ten days tomorrow.

　　내일이면 10일 동안 눈이 내리고 있을 것이다.(미래완료진행)

EXERCISE

🎧 정답 및 해설: 39p

❶ 다음을 알맞은 시제의 형태로 고치고 그 의미를 생각하면서 해석하세요.

● 예제

현재 He <u>studies</u> English.

해석 그는 영어를 <u>공부한다</u>.

현재진행 He <u>is studying</u> English.

해석 그는 영어를 <u>공부하고 있는 중이다</u>.

과거 He <u>studied</u> English yesterday.

해석 그는 어제 영어를 <u>공부했다</u>.

과거진행 He <u>was studying</u> English when I saw him.

해석 내가 그를 봤을 때 그는 영어를 <u>공부하고 있었다</u>.

현재완료 He <u>has studied</u> English for 3 years.

해석 그는 3년간 영어를 <u>공부해왔다</u>.

과거완료 He <u>had studied</u> English for 3 years before he graduated from school.

해석 그는 학교를 졸업하기 전에 3년간 영어를 <u>공부했었다</u>.

미래완료 He <u>will have studied</u> English for 3 years when he graduates from school next year.

해석 그가 다음 해에 학교를 졸업할 때쯤에 그는 3년간 영어를 <u>공부해 올 것이다</u>.

---

01 현재 He takes care of his kids.

해석 그가 아이들을 <u>돌본다</u>.

현재진행 He _____ his kids.

해석 그가 아이들을 _____ .

과거 He _____ his kids yesterday.

해석 그가 어제 아이들을 _____ .

과거진행 He _____ his kids when I walked in the house.

해석 내가 집에 들어섰을 때, 그는 아이들을 _____ .

현재완료 He _____ his kids for a week.

해석 그가 일주일 동안 아이들을 _____ .

과거완료 He _____ his kids for a week.

해석 그가 일주일 동안 아이들을 _____ .

미래완료 He _____ his kids for a week when I come back tomorrow.

해석 내가 내일 돌아올 때쯤에 그는 일주일 동안 아이들을 _____ .

02 현재진행 It is raining now.

해석 지금 비가 오고 있는 중이다.

과거진행 It _____ when I came here.

해석 내가 여기 왔을 때 _____.

미래진행 It _____ when we go there tomorrow.

해석 내일 우리가 거기 갈 때 _____.

현재완료진행 It _____ for 5 hours.

해석 5시간째 _____.

과거완료진행 It _____ for 5 hours when I came here.

해석 내가 여기 왔을 때, 5시간째 _____.

미래완료진행 It _____ for 3 days when we come back tomorrow.

해석 내일 우리가 돌아올 때 3일째 _____.

Ⅱ 다음 두 문장의 의미 차이를 생각하며 해석하세요.

● 예제

· The sun <u>rises</u> in the east. → 태양은 동쪽에서 뜬다.
· Look! The sun <u>is rising</u> in the east. → 봐! 태양이 동쪽에서 <u>뜨고 있어</u>.

---

01 Nurses look after patients in hospitals.

→ 간호사는 병원에서 환자들을 _____.

The nurse is looking after patients in the hospital.

→ 그 간호사는 병원에서 환자들을 _____.

02 She has studied English for 3 hours.

→ 그녀는 3시간 동안 영어를 _____. (3시간 전부터 지금까지)

She studied English for 3 hours.

→ 그녀는 3시간 동안 영어를 _____. (과거에 3시간 정도를)

03 I will read this book three times if you buy it for me.

→ 만약 네가 이 책을 내게 사준다면 난 이 책을 세 번 _____.

I will have read this book three times if I read it again.

→ 내가 이 책을 한 번 더 읽는다면 난 이 책을 세 번 _____.

2. 능동/수동

UNIT 1. 수동태의 형태와 시제

1 수동태의 형태

● 능동태를 수동태로 바꾸는 법

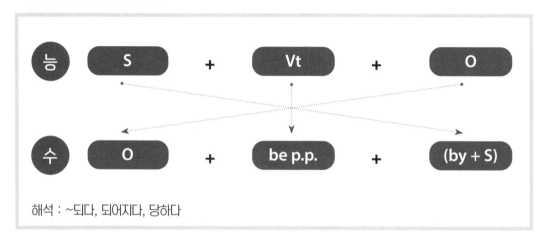

해석 : ~되다, 되어지다, 당하다

· My dad built our house.
아빠가 우리 집을 지으셨다.

→ Our house **was built** by my dad.
우리 집은 아빠에 의해 지어졌다.

· Paul threw a stone at the dog.
Paul은 그 개에게 돌을 던졌다.

→ A stone **was thrown** at the dog by Paul.
돌은 Paul에 의해 그 개에게 던져졌다.

> **+ SHIMSON'S COMMENT**
>
> 수동해석이 어려운 경우는 재빠르게 능동으로 바꿔보세요.
> 생략된 by S까지 찾을 필요는 없어도 주어를 목적어로 해
> 석하고, 동사를 ~하다라는 능동으로 바꿔 해석해보면 어렵
> 지 않을 거예요.

② 수동태의 시제와 진행형

- 수동태 시제 기본 : be동사 시제에 일치
- 수동태 진행형 기본 : be + being + p.p.(되어지는, 당하는 중이다)

① 현재수동	am/is/are		am/is/are given
② 과거수동	was/were		was/were given
③ 미래수동	will be		will be given
④ 현재완료수동	have/has been	+ 과거분사 (p.p.)	have/has been given
⑤ 과거완료수동	had been		had been given
⑥ 현재진행수동	am/is/are being		am/is/are being given
⑦ 과거진행수동	was/were being		was/were being given
⑧ 현재완료진행수동	have/has been being		have/has been being given

· Some examples **were given** to students.
  학생들에게 몇 가지 예가 주어졌다.

· Much useful information **has been given** by YouTube.
  많은 유용한 정보가 유튜브에 의해 제공되었다.

· The dog **has been being given** a snack by a girl.
  그 개는 한 소녀로부터 간식을 받고 있다.

③ 주의해야 할 수동태

구 동사의 수동태 : 구 동사를 하나의 동사로 보고 수동태로 바꿔야 한다.

· He **looked at** her in front of the building.
  그는 빌딩 앞에서 그녀를 쳐다보았다.
  → She **was looked at** in front of the building by him.

· She didn't **pay much attention to** Professor Lee's lecture.
  그녀는 이 교수님의 강의에 별로 집중하지 않았다.
  → Professor Lee's lecture **was not paid much attention to** by her.

EXERCISE

정답 및 해설: 40p

❖ 다음 주어진 문장을 수동태 혹은 능동태로 바꾸세요.

● 예제

I painted this wall.

➡ This wall was painted by me.

해석 나는 이 벽을 칠했다. / 이 벽은 나에 의해 칠해졌다.

---

01 My sister takes care of him.

➡ _____

해석 _____

02 He has painted these pictures.

➡ _____

해석 _____

03 The light was turned on by them.

➡ _____

해석 _____

04 She finished her report yesterday.

➡ _____

해석 _____

05 They <u>are constructing</u> the building.

➡

해석

06 The problems <u>had been solved</u> by him.

➡

해석

07 She <u>had often seen</u> such a sight before.

➡

해석

08 Susan <u>has been writing</u> another novel this year.

➡

해석

09 This building <u>has been being reconstructed</u> for two years by them.

➡

해석

10 The police <u>asked</u> the suspect a lot of questions about the accident.

➡

해석

심우철
합격영어 1. 구문

최소시간 X 최대효과
초고효율 심우철 합격영어

Chapter

07

동사 II

Chapter 07 동사 II

· 가정법의 종류와 해석 · 조동사 과거의 의미(조동사 have p.p.)
· 조동사의 특징   · 조동사의 과거형
· 조동사의 의미

1. 가정법

UNIT 1. 가정법의 종류와 해석

① **가정법 과거 - 현재의 사실에 반대 (해석: 지금)**

종속절	주절
If + S + 동사의 과거형/were Were + S	S + should/would/could/might + RV
만약 ~한다면	지금 ~할 텐데

· If I **were** a bird, I **would fly**.
  내가 새라면 지금 하늘을 날 텐데.

② **가정법 과거완료 - 과거의 사실에 반대 (해석: 그때)**

종속절	주절
If + S + had p.p. Had + S + p.p.	S + should/would/could/might + have p.p.
만약 ~했더라면	그때 ~했을 텐데

· If I **had studied** hard in my school days, I **would have gotten** a better job.
  학창시절에 열심히 공부했더라면, 나는 더 나은 직업을 가졌을 텐데.

③ 가정법 미래

종속절	주절
If + S + should + RV Should + S + RV	S + shall/will/can/may / should/would/could/might + RV
If + S + were to + RV Were + S + to RV	S + should/would/could/might + RV
혹시 ~라면 / 만약 ~한다면(불가능)	~할 것이다

· If it **should rain** tomorrow, I **shall not leave.**
   혹시 내일 비가 오면, 나는 떠나지 않을 것이다.

· If I **were to be** young again, I **would be** a musician.
   만약 내가 다시 어려진다면, 나는 음악가가 될 것이다.

④ 혼합 가정법

보통 주절에 현재를 나타내는 시간의 부사(구)들(now, today, currently 등)이 함께 나온다.

종속절 (가정법 과거완료)	주절 (가정법 과거)
If + S + had p.p. Had + S + p.p.	S + should/would/could/might + RV (now/today)
만약 (그때) ~했더라면	(지금) ~할 텐데

· If I **had bought** that house 2 years ago, I **might be** rich **now.**
   내가 2년 전에 그 집을 샀더라면, 지금 나는 부자일 텐데.

EXERCISE

🔊 정답 및 해설: 41p

❖ 다음 문장에서 가정법의 시제를 나타내는 표현에 밑줄을 긋고 시제를 쓴 후, 시제에 주의하면서 해석하세요.

● 예제

If he <u>were</u> living, he <u>would be</u> twenty years old now.

시제 가정법 과거(현재 사실의 반대)

해석 만약 그가 살아 있다면, 이제 20살일 텐데.

---

01 I would see her every day if she lived here.

시제

해석

02 If it should rain tomorrow, I would cancel my trip.

시제

해석

03 If he had been honest, I would have employed him.

시제

해석

04 Had you asked me, I would have told you the answer.

시제 ....

해석 ....

05 Should their efforts succeed, a major ecological problem would be solved.

시제 ....

해석 ....

06 If it had not rained last night, the road would not be so muddy this morning.

시제 ....

해석 ....

07 If he had had a better knowledge of the mountain, he would not have died like that.

시제 ....

해석 ....

08 If Shakespeare were to return to life today, he would be amazed to find his plays being studied in schools.

시제 ....

해석 ....

2. 조동사

UNIT 1. 조동사의 특징

1 긍정문 : 조동사 + RV(동사원형)

· You **will pass** the exam.
너는 시험에 통과할 거야.

2 부정문 : 조동사 + not + RV(동사원형)

· He **will not pass** the exam.
그는 시험에 통과하지 못할 거야.

3 의문문 : 조동사 + 주어 + RV(동사원형)

· **Can I use** your computer?
내가 네 컴퓨터 사용해도 되니?

4 조동사는 2개를 연속으로 사용할 수 없다.

· I **will must** go there. (x)

· I **will have to** go there. (o)
나는 그곳에 가야 할 것이다.

UNIT 2. 조동사의 의미

1 must [반드시 99%] : 반드시 ~해야 한다 / ~임에 틀림없다

→ must not : 반드시 ~하지 말아야 한다

· Without plants to eat, animals **must** leave their habitat.

먹을 식물이 없으면 동물들은 그들의 서식지를 떠나야 한다.

2 should [당연히 90%] : 당연히 ~해야 한다 / ~일 것이다

→ should not : 당연히 ~하지 말아야 한다

· About 10 percent of all European cars **should** use biofuels by 2020.

2020년까지 유럽 전체 자동차의 약 10%가 바이오 연료를 사용해야 한다.

3 may [아마 60%] : 아마 ~할지 모른다 / ~해도 좋다

→ may not : 아마 ~이 아니다

· Honesty **may** not always pay.

정직이 항상 득이 되는 것은 아마 아닐 수도 있다.

4 can : ~할 수 있다

→ cannot : ~할 수 없다 / ~할 리가 없다

· The leopard **cannot** change its spots.

표범이 자기 얼룩 무늬를 바꿀 수 없다.

5 will : ~할 것이다

· There is a report that another typhoon **will** arrive soon. (2017 지방직 9급)

또 다른 태풍이 곧 올 것이라는 보도가 있다.

* 대표적인 구조동사

had better + RV RV하는 것이 더 낫다	ought to + RV RV해야만 한다
would rather + RV RV하는 것이 더 낫다	may well + RV RV하는 것도 당연하다
used to + RV RV하곤 했다	may as well + RV RV하는 것이 더 낫다

UNIT 3. 조동사 과거의 의미(조동사 have p.p.)

must have p.p.	must not have p.p.
반드시 ~했음에 틀림없다	반드시 ~하지 않았음에 틀림없다
should have p.p.	should not have p.p.
당연히 ~해야 했는데 하지 않았다	당연히 ~하지 말았어야 했는데 했다
may[might] have p.p.	may[might] not have p.p.
아마 ~했었을 것이다	아마 ~안 했었을 것이다
–	cannot have p.p.
–	~했었을 리가 없다
ought to have p.p.	need not have p.p.
당연히 ~해야 했는데 하지 않았다	~했을 필요는 없었는데 했다

had better have p.p.	would rather have p.p.	may[might] as well have p.p.
	~했던 편이 나았는데	

- Ancient people **may have assumed** that the brighter star is a bigger star.
  고대 사람들은 밝은 별이 더 큰 별이라고 가정했을지도 모른다.

- I **ought to have formed** a habit of reading in my boyhood.
  나는 어릴 때 독서하는 습관을 길러야 했다.

- This **should not have happened**.
  이런 일은 일어나지 말았어야 했다.

- She **must have suffered** from a cold.
  그녀는 감기로 고생했음이 틀림없다.

- You **had better have had** your watch repaired.
  너는 네 시계를 고치는 것이 좋았을 텐데.

UNIT 4. 조동사의 과거형

would could might	① will, can, may의 과거 ② 현재의 공손한 표현으로 사용될 수 있다. → 영어의 존댓말 ③ 기본적으로 추측의 의미를 지닌다. ④ would는 과거의 불규칙적인 습관이나 현재의 강한 희망을 나타내기도 한다.

① She didn't believe that he **would** do such a silly thing.
그녀는 그가 그런 어리석은 짓을 하리라고는 믿지 않았다.

He thought that the stove **could** warm the office.
그는 난로가 사무실을 따뜻하게 할 수 있다고 생각했다.

② **Would** you mind opening the door?
문을 좀 열어주시겠어요?

③ Taxes **might** go up next year.
내년에 세금이 인상될지도 모른다.

Some **could** experience panic attacks from time to time.
어떤 사람들은 때때로 공황 발작을 경험할 수 있다.

④ He **would** always be there to solve problems for me.
그는 늘 나를 위해 문제를 해결하려고 그곳에 있곤 했다.

EXERCISE

정답 및 해설: 42p

❖ 조동사의 의미를 생각하며 해석하세요.

● 예제

He **can** speak English well.

해석 그는 영어를 잘 말할 수 있다.

---

01 He **must** be an American.

해석 그는 미국인임이 _____.

02 She **may** have been drowned.

해석 그녀는 _____.

03 You **must** do the work at once.

해석 당신은 그 일을 즉시 _____.

04 She **can**not stand it any more.

해석 그녀는 더 이상 그것을 _____.

05 Sam **can**not have been hungry.

해석 Sam이 _____.

06 You **may** go there at any moment.

해석 당신은 언제라도 거기에 _____.

07 **Can** I use your pen for a moment?

해석 잠시만 당신의 펜을 _____?

08 Children **should** listen to their parents.

해석 아이들은 당연히 부모님 말씀을 _____.

09 You**'d have heeded** his warning.

해석 너는 그의 경고를 _____.

10 She **need** not have come here tonight.

해석 그녀는 오늘밤 여기 _____.

11 We **must** not play balls on big streets.

해석 우리는 큰길에서 공을 _____.

12 This book **may** be very interesting for you.

해석 이 책은 아마 당신에게 _____.

13 The virus **may** not have existed there before.

해석 그 바이러스는 이전에는 거기에 _____.

14 You **should** not play computer games too long.

해석 너는 당연히 컴퓨터 게임을 너무 오래 _____.

15 The plane **should** be landing right on schedule.

해석 그 비행기는 당연히 예정에 맞게 _____.

16 You **must** not have done it not to be punished.

해석 너는 벌을 받지 않으려고 그것을 _____.

17 Listening to music **may** not be helpful when you study.

해석 음악을 듣는 것은 공부할 때엔 _____.

EXERCISE

🔑 정답 및 해설: 44p

3. 동사편 총정리

❖ 다음을 해석하세요.

01 Today many Native Americans are fighting their problems.

02 This issue had not been established legally in the United States.

(2010, 국가직 9급)

02
establish 규명하다
legally 합법적으로

03 As a last resort, you may have to accept their point of view.

(2008, 국가직 7급)

03
resort 수단, 방책
point of view 관점

04 You cannot have felt the earthquake, for it was so slight.

04
slight 작은, 경미한

05 Lately, however, bats have become more popular because they eat mosquitoes. (2008, 국가직 7급)

05
lately 최근에
mosquito 모기

06 And afterwards I was very glad that the coolie had been killed by the elephant. (2008, 국가직 7급)

07 You might first want to read something about how the engine operates.

08 On the other hand, the water for the fields is taken from a number of small ponds or streams.

09 The sales clerk must have forgotten to remove the security tag when you purchased the choker. (2009, 국가직 7급)

10 Over the years various systems of grading coins have been developed by antique coin specialists.

06
afterwards 나중에, 그 후
coolie 쿨리(인도·중국의 하층 노동자)

07
operate 작동하다

08
pond 연못
stream 시내

09
sales clerk 판매원
security 보안
tag 꼬리표
choker 목에 꼭 끼는 목걸이

10
grade 등급을 매기다
antique 고대의
specialist 전문가

11 The cities themselves cannot be developed without the prior development of the rural areas.

11
prior 우선하는
rural 시골의

12 Sound waves can be generated electronically by synthesizing the different components of the sound waves. (2008, 지방직 9급)

12
sound wave 음파
generate 발생시키다
electronically 전자적으로
synthesize 합성하다
component 요소

13 Even though note-writing may take longer, some pretty busy people do it, including George Bush.

13
pretty 상당히, 꽤

14 Had the computer parts been delivered earlier, we could have been able to complete the project on time. (2009, 국가직 7급)

14
on time 제시간에

15 We should acknowledge that the environment we live in has been being updated ever since the dawn of civilization.

15
acknowledge 인정하다
update 갱신하다
dawn 새벽, 여명
civilization 문명

16 During her lifetime, she may really have felt like a nobody, for few people knew her outside of her small hometown.

16
nobody 쓸모없는 사람

17 The radio, the movie, and the airplane should have taught us that technology may be beneficent but may also serve evil purpose.

17
beneficent 이익이 되는

18 The difficulty could have been overcome — or might never have arisen — if the people involved had just treated one another with common courtesy. (2008, 지방직 9급)

18
overcome 극복하다
arise 발생하다
courtesy 예절

19 A number of tests have been being given to the quantitative analysis to make its result clear.

19
quantitative 양적인
analysis 분석

20 Although the Europeans may have practiced slavery on the largest scale, they were by no means the only people to bring slaves into their communities. (2021, 국가직 9급)

20
slavery 노예 제도
by no means 결코 ~이 아닌

심우철
합격영어 1.구문

최소시간 X 최대효과
초고효율 심우철 합격영어

Chapter

08

그 밖의 핵심 구문 해석법

Chapter
08

그 밖의
핵심 구문 해석법

· It + be + 형/명 + to부정사/that절 · 도치·생략·삽입 구문 해석법
· and/or의 용법 · 그 밖의 기타 구문 해석법
· 비교급·원급 해석법

UNIT 1. It + be + 형/명 + to 부정사/that절

🎵 정답 및 해설: 46p

---

1 It + be + 형/명 + to RV/that절 : It은 형/명이다 <뭐가?> to RV/that절 이하가

문장 맨 앞에 「It + be 동사 + 형용사·명사」가 나오면 일단 가주어-진주어가 아닌지 생각해봐야 한다.
일단 해석을 쭉 하고 to RV/that절 앞에서 <뭐가?>란 말을 붙여주면 직독직해가 된다.

2 It + be + p.p. + that절 : It이 p.p.되다 <뭐가?> that절 이하가

ex They say that he is rich. = It is said that he is rich. = He is said to be rich.
                                                                    S   V'

❖ 다음을 해석하세요.

01 It is an axiom of economics that as prices rise, consumers become
more discriminating. (2021, 국가직 9급)

> **01**
> axiom 자명한 이치
> discriminating 식별력[분별력]이
> 있는

02 There are many instances in our society in which it is entirely
appropriate for people to play a power role over others. (2015, 지방직 9급)

> **02**
> instance 경우
> entirely 전적으로
> appropriate 적절한
> power 권력

03 It is certainly important for children to learn to succeed; but it is
just as important for them to learn not to fear failure. (2015, 지방직 9급)

> **03**
> certainly 분명히
> fear 두려워하다

04 It is well known that vitamin D deficiency can affect one's muscles, bones and immunity and is even associated with cancer. (2015, 지방직 9급)

04
deficiency 결핍
affect 영향을 주다
immunity 면역력
be associated with ~와 관련되다
cancer 암

05 It is possible that chroniclers were encouraged by their Mongol employers to exaggerate the tales of cruelty so that the Mongols appeared more frightening to their enemies. (2016, 서울시 9급)

05
chronicler 연대기 기록자
exaggerate 과장하다
cruelty 잔인함
frightening 끔찍한

06 In Britain and some other European countries, it was the custom for women to have the right to propose marriage to the men of their choice.

06
custom 관습
propose 제안하다, 청혼하다

07 It is important to remember that even when one group of speakers becomes totally isolated from other speakers, its language continues evolving. (2008, 지방직 7급)

07
isolate 고립시키다
evolve 진화하다

08 No wonder it was said that the trial would affect the governor's race, because it set a supporter of capital punishment against an opponent. (2016, 경찰직 2차)

08
trial 재판
governor 주지사
supporter 지지자
capital punishment 사형
opponent 반대자

09 The most elusive element of all appears to be francium, which is so scarce that it is thought that our entire planet may contain, at any given moment, fewer than twenty francium atoms. (2014, 지방직 9급)

09
elusive 찾기[규정하기] 힘든
element 원소, 요소
scarce 희소한, 희귀한
contain 함유하다
atom 원자

---

* S + V + it + 형용사[명사] + to부정사[that절]

5형식 동사(make, find, keep, think 등) 다음에 it이 나오면, '가목적어 – 진목적어' 구문일 확률이 높다.

S + V(make, find, keep, think) + it + 형용사·명사 + to RV / that절

1. In some cultures, people think it wrong to share their feelings and worries with others. (2014, 경찰직 2차)

2. Experiments make it clear that the analytical procedure adopted in the paper fully satisfies the requirements for further research.

* It ~ that 강조구문

'It + be동사'와 that절 사이에 강조할 내용을 넣어 의미를 강조하는 구문을 'It ~ that' 강조구문이라 한다. 강조하는 대상에 따라 that을 who(m), which, where로 바꿀 수 있다.

It + be동사 + [강조 내용] + that절

1. It is his illness that makes him violent and dangerous.

2. It is in the second part of the book that the hero overcomes his drawback and learns a lesson.

UNIT 2. and/or의 용법

🔒 정답 및 해설: 48p

동사나 준동사 또는 명사 앞에 and나 or이 나온 경우, 병렬구조로서 and나 or 뒤에 어떤 구조가 나왔는지를 잘 살펴봐야 한다.

❖ 다음을 해석하세요.

01 Rituals like looking at your watch, reaching for a car key, and untying shoes are seldom forgotten. (2011, 국회직 8급)

01
ritual 의식
untie 풀다

02 Campus buses will leave the main hall every half an hour and make all of the regular stops along their routes around the campus.
(2014, 국가직 9급)

02
regular 정기적인
stop 정차
route 경로

03 Getting a good night's sleep before the test and eating a nutritious breakfast will enhance your alertness and help you feel relaxed.

03
nutritious 영양분이 많은, 영양가가 높은
enhance 향상시키다
alertness 민첩함

04 The balls were first made of grass or leaves held together by strings, and later of pieces of animal skin sewn together and stuffed with feathers or hay.

04
string 끈, 줄
sew 꿰매다
stuff 채워 넣다
hay 건초

05 It's easy to lose objectivity or to overlook errors, inconsistencies, or problems when you have focused too intensely or for too long on a particular task. (2015, 법원직 9급)

05
objectivity 객관성
inconsistency 모순
intensely 강하게, 열심히

06 A device that accomplishes tasks similar to those a human can perform and that reacts to at least some changes in the environment is called a robot. (2011, 국회직 8급)

06
device 장치
accomplish 성취하다

07 Sports physicians recommend icing the bruised area, gently stretching and massaging the foot, and taking anti-inflammatory drugs to help alleviate the pain. (2020, 경찰직 1차)

07
bruised 멍든
anti-inflammatory 소염제(의)
alleviate 완화하다

08 The speed and extent of this dispersal have been largely controlled by humanity's ability to exploit the advantages and overcome the disadvantages presented by climate. (2011, 지방직 7급)

08
extent 범위
dispersal 확산
exploit 이용하다
overcome 극복하다
disadvantage 약점
present 주다, 제공하다

09 A suitable insurance policy should provide coverage for medical expenses arising from illness or accident prior to or during their vacation, loss of vacation money, and cancellation of the holiday.

09
suitable 적합한
insurance policy 보험 증권
coverage 보상 범위
cancellation 취소

10 The ant's abdomen ruptures, releasing a sticky yellow substance that will be lethal for both the defender and the attacker, permanently sticking them together and preventing the attacker from reaching the nest. (2016, 서울시 9급)

10
abdomen 복부
rupture 파열되다
release 방출하다
sticky 끈적끈적한
substance 물질
lethal 치명적인
defender 방어자
permanently 영원히

11 'Globalization' boosted trade, encouraged productivity gains and lowered prices, but critics alleged that it exploited the low-paid, was indifferent to environmental concerns and subjected the Third World to a monopolistic form of capitalism. (2021, 국가직 9급)

11
gain 개선, 향상
critic 비판하는 사람
allege 주장하다
exploit 착취하다
indifferent 무관심한
subject 종속시키다
monopolistic 독점적인

12 Adrenaline travels all over the body doing things such as widening the eyes to be on the lookout for signs of danger, pumping the heart faster to keep blood and extra hormones flowing, and tensing the skeletal muscles so they are ready to lash out at or run from the threat. (2020, 국가직 9급)

12
be on the lookout for ~을 지켜
보다, 경계하다
tense 긴장시키다
lash out at ~을 후려갈기다, 공격
하다

UNIT 3. 비교급·원급 해석법

1 비교급과 원급

1 비교의 정의
두 개 이상의 성질, 정도, 수량 등을 비교하기 위해 형용사 혹은 부사의 어형을 일정한 틀 안에서 변화시키는 것을 비교라고 한다.

2 비교의 종류

❶ **원급 비교 : 서로 다른 두 개를 대등한 수준에서 비교하는 것**

as + 원급 + as + 비교대상

· He is **as** tall **as** his father.
  그는 그의 아버지만큼 키가 크다.

❷ **비교급 비교**

비교급 + than

우등비교	형용사/부사 1, 2음절	원급 + er
	형용사/부사 3음절 이상	more + 원급
열등비교		less + 원급

· Gold is heav**ier than** copper.
  금은 구리보다 더 무겁다.

· She is **more** beautiful **than** her sister.
  그녀는 그녀의 자매보다 더 아름답다.

❸ 최상급

형용사/부사 1, 2음절	the + 원급 + est
형용사/부사 3음절 이상	the + most + 원급

· He is **the** tall**est** boy in his class.

　그는 자기 반에서 키가 제일 크다.

· Iron is **the most** useful of all metals.

　철은 모든 금속 중에서 가장 유용하다.

3 비교급 강조부사 (해석: 훨씬)

> much, still, even, (by) far, a lot

· It is **much** more difficult than you'd expect to break a habit. (2011, 국가직 9급)

　습관을 깨기란 예상보다 훨씬 더 어렵다.

② 「the + 비교급 ~, the + 비교급 …」 구문 해석법

구문	the + 비교급 + S1 + V1 ~, the + 비교급 + S2 + V2 ~
해석	비교급하면 할수록, 더 비교급하다

· **The more** we have, **the more** we want.

　우리가 더 많이 가질수록, 우리는 더 많이 원한다.

＊「the + 비교급 ~, the + 비교급 …」 구문의 경우, S나 V가 생략된 경우가 많다.
이때 대개 S는 'it / they'가, 동사는 'be동사'가 생략되는 경우가 많다.

+ SHIMSON'S COMMENT

the 비교급 구문에서 S나 V가 생략되는 경우가 많아요. 생략은 작가가 독자들이 알 수 있다고 생각하기 때문에 하는 거예요.

그 밖의 핵심 구문 해석법

❸ 원급 관련 관용 구문 해석법

– 'as ~ as' 형태의 원급 구문의 기본 의미를 이해하면 원급 관련 관용 구문도 쉽게 해석할 수 있다.

– 'as ~ as'는 '~만큼'이란 의미로 기준 대상과 비교 대상이 서로 같다는 의미가 내포되어 있다.

– 예를 들면, 'Mike is as tall as Tom.'이라는 예문은 'Mike는 Tom만큼 키가 크다.'라고 해석되며, 기준
대상인 Mike와 비교 대상인 Tom은 서로 키가 같다는 의미를 나타낸다.

as many as / as much as	~만큼 많은 ▶ 무려 ~나 되는
as few as / as little as	~만큼 적은 ▶ 단지, 겨우
as ~ as any (other) + 단수명사 = as ~ as ever + 과거동사 = 비교급 ~ than any (other) + 단수명사	어떤 명사만큼 ~한 이때까지 …한 사람만큼 ~한 ┐ ▶ 가장 ~한 어떤 명사보다 더 ~한 ┘
as ~ as possible = as ~ as + S + can	가능한 한 ~한
as good as	~나 다름없는
as early as	벌써, 이미
as[so] far as	① ~만큼 먼 ▶ ~까지 ② ~하는 한 (접속사)
as[so] long as	① ~하는 동안 ② ~하는 한 / ~하기만 하면 (접속사)
not so much A as B	A라기보다는 오히려 B인
not so much as	~조차도 아닌
as many	같은 수의

· **As many as** 20 passengers were killed in the accident.
  무려 20명이나 되는 승객들이 그 사고로 목숨을 잃었다.

· He is **as brave as any other soldier** in the world.
  그는 이 세상 어떤 다른 군인만큼 용감하다. → 그는 이 세상에서 가장 용감한 군인이다.

· The matter is **as good as** settled.
  그 문제는 정리된 것이나 다름없다.

· Because of the pandemic, shops closed to reopen **as early as** May 19.
  전염병 때문에 상점들은 닫았고 빠르면 5월 19일에 문을 연다.

4 기타 비교급 관용 구문 해석법

비교급 구문에서 관용적인 표현들을 알고 있으면 구조를 이해하고 구문을 해석하는 데 도움이 된다.

부정어 + other ~ than …	~ 이외에 부정하다[아니다/않다/없다] ※ 부정어 + other than에서 than은 '~ 이외에(= except)'의 의미를 나타낸다.
부정어 + more ~ than A 부정어 + as ~ as A	A보다 더 ~한 것은 없다 A만큼 그렇게 ~한 것은 없다] ▶ A가 가장 ~하다
not more than (= at most) not less than (= at least) no more than (= only) no less than (= as much as)	~보다 더 많지 않으니까 ▶ 많아야, 기껏해야 ~보다 더 적지 않으니까 ▶ 적어도 ~만큼 적으니까 ▶ 겨우, 단지 ~에 지나지 않는 ~만큼 많으니까 ▶ ~만큼이나
A is to B what C is to D. = As C is to D, so A is to B.	A가 B인 관계는 C가 D인 관계와 같다. C가 D인 관계처럼 그렇게 A가 B이다.
A is no 비교급 than B	A도 B만큼이나 ~하지 않는
A is no more B than C is D.	A가 B가 아닌 것은 C가 D가 아닌 것과 같다
know better than to RV	~할 정도로 어리석진 않다
would rather A than B	B하기보다는 차라리 A하겠다
much[still] more (긍정문)	~은 말할 것도 없고
much[still] less (부정문)	
no other than	다름 아닌 ~인, 바로 ~인
second to none	누구에게도 뒤지지 않는

· I have **no other** friend **than** you.
   나는 당신 외에 다른 친구가 없다.

· It was **no other than** his voice.
   그것은 다름 아닌 그의 목소리였다.

· My dad gives me **not more than** 20 dollars for allowance each month.
   우리 아빠는 나에게 매달 용돈으로 기껏해야 20달러밖에 주지 않으신다.

· A home without love **is no more** a home **than a body without soul is a man**.
   사랑이 없는 집이 집이 아닌 것은 영혼이 없는 육체가 사람이 아닌 것과 같다.

> **+👤 SHIMSON'S COMMENT**
>
> not은 '않다, 아니다'라는 의미로 직역을 하고 no가 들어가는 구문은 'as 반대의미 as'로 해석을 하는데, 이때 반대의미가 잘 안 잡히는 경우는
> no를 '없다'라고 해석해보세요.

5 **비교급과 원급의 해석법** 🎵 정답 및 해설: 50p

A ~ more(as) ~ than(as) B

- 비교급에서 비교되는 두 대상을 잡아내는 것이 독해의 핵심이다.
- 두 대상 A, B 중에서 B는 비교급에서는 than 다음에, 원급에서는 두 번째 as 다음에 나온다.
- B(사람/장소/동명사/명사 + 관계사)가 잡히면 A(사람/장소/동명사/명사 + 관계사)가 잡힌다.

· **Warm air** can hold more water vapor than **cold air**. (2009, 국가직 9급)
  따뜻한 공기는 차가운 공기보다 좀 더 많은 수증기를 가지고 있을 수 있다.

· **Feeling pure and complete sorrow** is as impossible as **feeling pure and complete joy**.
  순수하고 완전한 슬픔을 느끼는 것은 순수하고 완전한 기쁨을 느끼는 것만큼 불가능하다.

❖ 다음을 해석하세요.

01 Parental guidance is no less important than school education.

(2016, 지방직 7급)

01
parental 부모의
guidance 지도

02 Few living things are linked together as intimately as bees and flowers. (2013, 국가직 9급)

02
intimately 친밀하게

03 The more we try to anticipate these problems, the better we can control them. (2017, 국가직 9급)

03
anticipate 예측하다

04 The greater the down payment a person makes, the smaller the monthly payments will be.

04
down payment 착수금

05 The moon is almost a perfect sphere; its diameter differs by no more than 1% in any direction. (2016, 서울시 9급)

05
sphere 구
diameter 지름
direction 방향

06 The harder you work, the more likely you are to get good grades, and the brighter your future will be.

06
grade 성적, 등급

07 The faster an astronomical object spins, the more it becomes bulged at the equator and flattened at the poles. (2016, 서울시 9급)

07
astronomical 천문(학상)의
spin 회전하다
bulge 불룩하다
equator 적도
flatten 납작해지다
pole 극지방

08 The school converted its athletic facilities into a shelter that housed as many as 500 displaced storm victims.

08
convert 전환시키다, 바꾸다
shelter 피난처
house 수용하다
displace (살던 곳에서) 쫓아내다

09 The department should be as helpful as possible and ensure that the system is properly restored by a qualified person. (2018, 소방직 9급)

09
department 부서
ensure 보장하다
properly 제대로
restore 복구하다
qualified 자격이 있는

10 If there's anyone in this assembly, any dear friend of Caesar's, I say to him that my love for Caesar was no less than his. (2015. 법원직 9급)

10
assembly 모임

11 Men always believe they need a way to make themselves seem more successful and charming than they really are. (2017. 국가직 9급)

11
charming 매력적인, 멋진

12 So far as you are wholly concentrated on bringing about a certain result, clearly the quicker and easier it is brought about the better.

12
so far as ~하는 한
wholly 전적으로
concentrate 집중하다
bring about ~을 가져오다, ~을 야기하다

13 The control of communication apprehension lies in removing as many of the areas of uncertainty and unfamiliarity as possible.
(2016. 교육행정직 9급)

13
apprehension 불안
uncertainty 불확실성
unfamiliarity 생소함

14 Fats provide the body's best means of storing energy, a far more efficient energy source than either carbohydrates or proteins. (2017. 경찰직 1차)

14
fat 지방
means 수단
efficient 효과적인
source 원천
carbohydrate 탄수화물
protein 단백질

15 In the dry, rugged desert a saguaro cactus can live for more than 200 years, grow to a height of 60 feet, and have as many as 50 arms. (2017, 국회직 8급)

15
rugged 험악한, 거친
cactus 선인장

16 An economy as big as the United States can afford to place reasonable bets in all areas where it looks as if technology can be pushed forward. (2018, 경찰직 2차)

16
afford ~할 여유가 있다
reasonable 합리적인
bet 내기
push forward 계속 나아가다

17 Although the color advertisements did produce more attention, they did not attract as many readers per dollar as the black and white advertisements. (2017, 국가직 9급)

17
attention 관심
attract 끌어들이다

18 Processing a TV message is much more like the all-at-once processing of the ear than the linear processing of the eye reading a printed page.

18
process 처리하다
linear 선의, 직선 모양의

19 Since the optic nerve contains roughly eighteen times as many neurons as the cochlear nerve, we assume it transmits at least that much more information. (2017, 국가직 9급)

19
optic nerve 시신경
contain 포함하다
roughly 대략
cochlear nerve 달팽이 신경
assume 가정하다
transmit 전달하다

20 Coral reefs support more species per unit area than any other marine environment, including about 4,000 species of fish, 800 species of hard corals and hundreds of other species. (2016, 법원직 9급)

20
species 종
marine 해양의

21 A person who feels bad with reasonable regularity will enjoy the occasional period of feeling good far more than somebody who feels good so often that he is bored by it.

21
regularity 규칙적임, 패턴
occasional 가끔의
bore 지루하게 하다

22 The more people there are in a conversation, the less well you know them, and the more status differences among them, the more a conversation is like public speaking or report-talk. (2015, 서울시 7급)

23 The basking shark becomes fertile at the age of four and a pregnancy lasts for about two years, resulting in not more than six "baby-sharks," each measuring about 1.5 meters in length.

(2017, 경찰직 1차)

23
fertile 가임기의, 비옥한
pregnancy 임신
last 지속되다
result in ~을 낳다, 야기하다

24 As we'll see, people who devote immense amount of time to political news can actually be more misinformed and less reasonable than those of us who spend far less time following politics. (2016, 기상직 7급)

24
devote 쏟다, 기울이다, 바치다
immense 엄청난
reasonable 합리적인

25 Managers who want people to take a more team-based approach with their people, for example, will almost certainly get better results by taking a more team-based approach themselves rather than just by making a speech on teamwork.

25
approach 접근법, 처리 방법

그 밖의 핵심 구문 해석법

UNIT 4. 도치·생략·삽입 구문 해석법

① 도치 구문 해석법

주어와 동사의 위치를 바꾸거나 특정 어구의 의미를 강조하기 위해 원래 자리에서 이동시켜 어순에 변화를 주는 구문을 도치 구문이라 한다.

1 도치 구문의 종류

❶ [부정어 / only + 부사구·절] + V + S

부정어 : never, little, not, hardly, scarcely, no sooner 등	+ V(be동사, have동사) + S
	+ V(조동사, do동사) + S + RV
only then ~ / only when ~ / only if ~ / only + 전치사구	+ V(be동사, have동사) + S
	+ V(조동사, do동사) + S + RV

· **Little did she** realize that her grandmother was really a wolf.
  그녀는 그녀의 할머니가 진짜 늑대였다는 것을 조금도 깨닫지 못했다.

· **Only after** the earthquake had taken place **did the lack** of safety measures become obvious.
  지진이 발생한 후에야 비로소 안전 조치의 미흡이 명확해졌다.

❷ [So / Neither[Nor]] + V + S

S도 또한 그래	So + V + S	S + V, too
S 또한 그렇지 않아	Neither[Nor] + V + S	S + V, either

· She spent the evening reading novels, and **so did he**.
  그녀는 소설을 읽는 데 저녁 시간을 보냈고, 그도 그랬다.

❸ 형용사 보어 + V + S

형용사 보어 도치	형용사 보어 + be동사 + S **cf** (Being) 형용사 ~ , S + V : 분사구문

· **More important** is the creative way he comes up with ideas.
  더 중요한 것은 그가 아이디어를 찾아내는 창의적인 방식이다.

❹ 'so + 형/부' 또는 well이 문두에 나온 경우

so ~ that 구문의 'so + 형/부' 또는 well이 문두에 나온 경우, '대동사 + 주어'의 어순으로 도치된다.

· **So cold** was it that I had to leave early.
    너무 추워서 나는 일찍 떠나야 했다.

❺ 목적어 - 목적격 보어 도치

목적어 - 목적격 보어 도치	S + 5형식 동사(make / keep / find / think) + 형용사 + 긴 명사구

· She made **clear her view** on the uncommon proposal.
    그녀는 그 흔치 않은 제안에 대해 자신의 견해를 분명히 했다.

❻ [장소·방향 부사구 / 유도부사 there, here] + V + S

장소·방향 부사구 / 유도부사 there, here	+ V + S (일반명사)
	+ S (대명사) + V

장소·방향의 부사구나 유도부사가 문두에 와서 도치가 일어나려면, 주어가 일반명사이고 동사가 1형식 자동사여야 한다.

· **In the center of the room was a table** on which there are two glasses of red wine.
    그 방 한가운데에 적포도주 두 잔이 놓인 탁자가 있었다.

❼ 주절 뒤에 위치한 as 양태 부사절의 도치

as 양태 부사절	+ V + S (일반명사)
	+ S (대명사) + V

· She's very tall, as her mother is.
  = She's very tall, as **is her mother**.
    그녀는 그녀의 어머니가 그런 것처럼 매우 키가 크다.

❽ [as ~ as / more[-er] ~ than] + V + S

원급·비교급 구문의 도치	as 혹은 than 뒤쪽의 S + V의 경우, ① 주어가 대명사라면 S + V의 순서로 쓰고 ② 주어가 일반 명사라면 S + V 혹은 V + S(도치)의 순서로 쓸 수 있다.

· You're as tall as your father is.
  = You're as tall as **is your father**.
    너는 너의 아버지만큼 키가 크구나.

그 밖의 핵심 구문 해석법

② 생략 구문 해석법

- 문장의 구조상 앞에 나온 어구의 반복을 피하기 위해 동일 어구를 뒤에서 생략하거나 문맥상 생략해도 그 의미를 파악할 수 있는 경우 생략한다.
- 생략 구문은 특히 문장 구조를 우선적으로 파악하고 나서 문맥상 생략된 말을 넣어 구문의 의미를 이해하도록 하는 것이 중요하다.

다양한 생략 구문

문장의 구조상 뒤에 나오는 동일한 어구를 생략해도 문맥상 이해가 되는 경우

❶ 등위접속사(and, or, but) 다음에 동일 어구 생략

· He is young and (he is) handsome. : 등위접속사 다음 동일 어구인 he is 생략

　　그는 젊고 잘생겼다.

❷ 비교를 나타내는 as, than 다음에 동일 어구 생략

· She is as tall as her brother (is tall). : 비교 구문의 as 다음 동일 어구인 is tall 생략

　　그녀는 그녀의 남동생만큼 키가 크다.

③ 삽입 구문 해석법

❶ 콤마(,) 또는 대시(―) 사이의 삽입 구문

콤마(,)와 콤마(,) 사이 또는 대시(―)와 대시(―) 사이에 들어가는 구문

· She is**, we believe,** a good teacher.

　　그녀는 좋은 선생님이라고 우리는 생각한다.

❷ 관계사절 사이의 삽입 구문

S + V(think, feel, believe, tell, say, hear, be sure)가 관계사절 사이에 들어가는 구문

관계대명사 + S + V1[think, feel, believe, tell, say, hear, be sure 등] + V2

· This is the movie which **they think** is very interesting.

　　이것은 그들이 생각하기에 매우 재미있는 영화이다.

🎵 정답 및 해설: 53p

01 No sooner had he finished one task than he was asked to do another one. (2017, 지방직 7급)

02 The new deal will make possible the smooth transition of the Korean economy.

02
deal 거래, 합의
smooth 부드러운, 순조로운
transition 이행, 과도

03 Not everybody, European intellectuals argued, should go to high school. (2013, 지방직 7급)

03
intellectual 지식인

04 The statement does not make clear to us who will be affected by the new policy.

04
statement 진술, 서술, 성명
affect ~에 영향을 미치다
policy 정책

05 Just as a tree is known by the fruits it bears, so a man by the company he keeps.

05
bear (꽃이나 열매를) 피우다[맺다]
company 친구
keep 사귀다

06 Not only are people spending money they don't have, they're using it to buy things they don't need. (2021, 국가직 9급)

07 Lisa, who I remember was good at math in high school, is now specializing in Spanish literature in college.

07
specialize in ~을 전공하다

08 At the top, as we have seen, was the *scalco*, or steward, who was in charge of not only the kitchen, but also the dining room. (2018, 지방직 9급)

08
steward 관리인
be in charge of ~을 책임지다
dining room 식당

09 So unique is it among the lemurs that it has proven extremely difficult to determine which other lemurs are its closest relatives. (2018, 경찰직 3차)

09
unique 독특한
lemur 여우원숭이
extremely 매우
determine 결정하다
relative 친척

10 The stronger the vibrations of the sound, the greater the pressure difference between the high and the low, and the louder the sound.

10
vibration 떨림, 진동

11 An innovation may be anything — from new religious beliefs to a technological change — that is internally generated by members of the society. (2016, 지방직 9급)

11
religious 종교적인
belief 신념, 믿음
generate 만들어내다

12 Although both deal with negotiation, a mediator needs to maintain neutrality and an advocate partiality in order to avoid crossing over into each other's role.

12
negotiation 협상
mediator 중재자
neutrality 중립성
advocate 옹호자
partiality 편파성
cross over into ~쪽으로 넘어가다

13 Thus, the youth may identify with the aged, one gender with the other, and a reader of a particular limited social background with members of a different class or a different period.

13
identify 확인하다, 동일시하다
particular 특정한, 특별한

14 Only in the early twentieth century were several laws passed that restricted both the number of people who could come to the United States and where they could come from. (2016, 국회직 9급)

14
restrict 제한하다

15 The male moths live longer than the females, the former averaging about four weeks and the latter half that time or a little more.

15
moth 나방
former 전자의
average 평균 ~이 되다
latter 후자의

16 Eating seasonally and locally is a great way to maintain a healthy diet, observes a veteran food consultant and Korea's first accredited vegetable sommelier. (2016, 국가직 7급)

16
observe 말하다; 관찰하다
accredited 공인된

UNIT 5. 그 밖의 기타 구문 해석법

1 그 외 기타 구문 해석법

1 유사보어

1형식 동사나 3형식 동사 구문의 기본 형태에는 보어가 필요하지 않다. 하지만 2형식이나 5형식처럼 보어 역할을 하는 유사보어를 붙여 의미를 전달하기도 한다.

S + V1(완전자동사) + 유사보어(명사·형용사)	명사로서·형용사한 채로(~하면서)
S + V3(완전타동사) + O + 유사보어(명사·형용사)	

· He returned home **a changed man**.

　　그는 다른 사람이 되어 집으로 돌아왔다.

· His brother was born **deaf**.

　　그의 동생은 청각 장애를 가지고 태어났다.

> **+👤 SHIMSON'S COMMENT**
>
> 유사보어도 결국 그냥 보어일 뿐이에요. 어려워하지 말고 '명사/형용사 하면서, 한 채'로 라고 해석하면 된답니다.

2 with + O + OC – 동시동작

전치사 with는 동시성의 의미로 '~한 채로, ~하면서'라는 동시동작(부대상황)을 나타낼 수 있다.
이때 O(명사)와 OC(형용사 / 전치사구 / RVing / p.p.)는 의미상 주어 – 동사 관계를 나타낸다.

with + O(명사) + OC(형용사 / 전치사구 / RVing / p.p.)	O가 OC한 채로(하면서)

ex with the light off 불이 꺼진 채로

· The old man sat looking out the window, **with his wife sewing** beside him.

　　그의 아내가 그의 옆에서 바느질하고 있는 동안 노인은 창문 밖을 바라보며 앉아 있었다.

3 명사₁-RVing 명사₂ / 명사₁-p.p. 명사₂ / 형용사-명사₁ed 명사₂

명사 두 개가 분사 또는 형용사로 하나의 명사구가 되는 경우 명사1, 명사2의 관계와 수식하는 분사 및 형용사의 관계를
파악하여 다음과 같이 해석한다.

명사₁-RVing 명사₂ : 명사₁을 RV하는 명사₂	English-speaking people 영어를 쓰는 사람들
명사₁-p.p. 명사₂ : 명사₁에 의해 p.p.되어진 명사₂	TV-reared children TV에 의해 길러진 아이들
형용사-명사₁ed 명사₂ : 형용사한 명사₁을 가진 명사₂	many-legged animals 많은 다리를 가진 동물들

· Climate change is making it more difficult for **plant-eating** animals to locate food.
  기후 변화는 식물을 먹는 동물들이 먹이를 찾는 것을 더욱 어렵게 하고 있다.

· He bought **sun-dried** tomatoes.
  그는 햇볕에 말린 토마토를 구매했다.

· The **long-tailed** weasel is the largest weasel found in Wisconsin.
  긴 꼬리를 가진 족제비는 위스콘신에서 발견되는 가장 큰 족제비이다.

② 기호가 사용된 구문 해석법

콜론(:)	앞 문장에 대한 보충, 부연을 의미하는 내용이 뒤에 나온다. 주로 콜론(:) 앞에는 문장이, 콜론(:) 뒤에는 단어, 구의 나열 구조가 제시된다.	S + V ~: A, B, and/or C
세미콜론(;)	세미콜론(;)은 서로 연관이 있는 두 문장 사이에 사용된다. 대개 세미콜론(;) 앞 문장과 뒤 문장의 주어가 서로 같으면 보충이나 부연의 내용을, 주어가 다르면 대조의 내용이 제시된다.	S + V ~; S + V ~
대시(―)	대시(―)는 앞의 문장에 대해 보충이나 부연 설명을 하거나 또는 강조나 요약을 하기 위해 사용된다.	S ― ~ ― V … S + V … ― ~

· The bookstore specializes in three subjects: art, architecture, and graphic design.
  그 서점은 미술, 건축, 그리고 그래픽 디자인과 같은 3개 과목을 전문으로 한다.

· Some firms sell cigarettes; others sell products that help you quit smoking.
  어떤 회사들은 담배를 팔고, 다른 회사들은 당신이 담배를 끊는 것을 도와주는 제품을 판다.

· Heavy snow continues to fall at the airport; consequently, all flights have been canceled.
  공항에 폭설이 계속 내려서 결국 모든 항공편이 결항되었다.

· Even the simplest tasks—washing, dressing, and going to work—were nearly impossible after I broke my leg.
  심지어 가장 간단한 일, 즉 씻고, 옷을 입고, 일을 하러 가는 일조차도 다리가 부러진 후에는 거의 불가능했다.

01 The package, having been wrong addressed, reached him late and damaged. (2015, 국가직 9급)

01
wrong 잘못
address 주소를 쓰다

02 Perhaps you could get a guarantor — someone to sign for the loan for you. (2017, 서울시 9급)

02
guarantor 보증인
loan 대출

03 However, he was not smart enough to manage his income, and he died a poor man.

03
manage 관리하다
income 수입, 소득

04 Archaeological finds come in many forms — as artifacts, food remains, houses, human skeletons, and so on. (2018, 교육행정직 9급)

04
archaeological 고고학의
artifact 인공 유물
skeleton 뼈대, 골격

05 Many people believe that all they have to do to relieve an acute migraine headache is to take pain-killing drugs.

05
relieve 완화시키다
acute 급성의; 격심한, 극심한
migraine headache 편두통

06 By understanding our health-related motivations, we gain insights into barriers that keep us from enjoying better health as we age. (2014, 국회직 8급)

06
motivation 동기
insight 통찰력
barrier 장벽

07 With the cord coming out of the back of the computer mouse, Douglas said the device reminded him of the rodent mouse and the name stuck. (2014. 사회복지직 9급)

07
rodent 설치류
stick 받아들여지다, 인정받다

08 Children's book awards have proliferated in recent years; today, there are well over 100 different awards and prizes by a variety of organizations. (2017. 국가직 9급)

08
proliferate 급증하다
a variety of 다양한, 많은
organization 기관

09 Microbats, the small, insect-eating bats found in North America, have tiny eyes that don't look like they'd be good for navigating in the dark and spotting prey. (2019. 서울시 9급)

09
tiny 아주 작은
navigate 항해하다, 돌아다니다
spot 발견하다, 찾다

10 The digital revolution means that sooner or later students and adults are going to need an entirely new set of skills: how to get information, where to find it, and how to use it.

10
revolution 혁명
sooner or later 조만간
entirely 완전히

11 With face-to-face conversations crowded out by online interactions, there are fears that an entire generation of young people consumed by social media is struggling to listen, make eye contact or read body language. (2017. 기상직 9급)

11
face-to-face 마주보는, 직접적인
conversation 대화
crowd out 밀어내다
interaction 상호작용
generation 세대
struggle 힘들어하다

12 Online shopping means it is easy for customers to buy without thinking, while major brands offer such cheap clothes that they can be treated like disposable items — worn two or three times and then thrown away. (2021. 국가직 9급)

12
disposable 일회용의

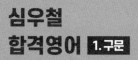

심우철
합격영어 1. 구문

최소시간 X 최대효과
초고효율 심우철 합격영어

부록

독해가 쉬워지는
기적의 영단어 특강

부록 1. 외운 대로 해석이 안 되는 의외의 영단어

01 Who, if not the government, would **house** these treasures for future generations?

02 To oversimplify, basic ideas **bubble** out of universities and laboratories in which a group of researchers work together.

03 We often dismiss new ideas that could **further** our growth simply because they do not fit within the general framework of our preconceived notions and self-conceptions.

04 Madagascar alone **harbors** some 8,000 species of flowering plants.

05 The screenplay requires so much filling in by our imagination that we cannot really **approximate** the experience of a film by reading a screenplay, and reading a screenplay is worthwhile only if we have already seen the film.

---

01 house ⓝ 집 ⓥ 거처를 제공하다, 보관[수용/소장]하다
02 bubble ⓝ 거품 ⓥ 거품이 생기다, 보글보글 끓다, (아이디어 등이) 넘치다
03 further ⓐ𝖽 더 멀리, 더 ⓐ 더 이상의 ⓥ 촉진하다, 발전시키다
04 harbor ⓝ 항구; 피난처 ⓥ 품다; ~의 거처가 되다
05 approximate ⓐ 근접한, 거의 정확한 ⓥ 근접하다

---

06 But empathy has its dark side: too much understanding and sensitivity, too much seeing things from the other's perspective, can **cloud** judgment and paralyze choice.

07 After local nuns **nursed** him through a serious illness in the 1940s, the grateful Matisse devoted himself to every detail of the chapel.

08 When people started to **plant** stored seed stock deliberately, they also began protecting their plants.

09 Paul wanted to buy some souvenirs, and he **spotted** a carving that he liked.

10 Most people tend to **rate** themselves more favorably on positive qualities and less unfavorably on negative ones than they are likely to actually merit when compared with external standards.

---

06 cloud ⓝ 구름 ⓥ 어두워지다; **(판단력 등을) 흐리게 하다**; 우울하게 만들다

07 nurse ⓝ 간호사 ⓥ **간호하다**, 치료하다

08 plant ⓝ 식물; 공장; 발전소 ⓥ **심다**

09 spot ⓝ 점, 얼룩; 위치, 장소 ⓥ **발견하다**; 더럽히다

10 rate ⓝ 비율; 가격 ⓥ **평가하다**

11-1 There was nothing **addressed** to her. It was her sixteenth birthday today, but there wasn't even a birthday card from her father.

11-2 The research **addresses** the question of how global vegetation has responded to changes in rainfall, temperature, and cloud cover patterns. Such climate factors determine how vegetation grows.

12-1 Researchers asked college student volunteers to think through a fantasy version of an experience and then evaluated the fantasy's effect on the **subjects** and on how things unfolded in reality.

12-2 **Subjecting** your entire hard-fought draft **to** cold, objective scrutiny is one of the toughest activities to master, but it is absolutely necessary.

12-3 Tradition was not static, but constantly **subject to** minute variations appropriate to people and their circumstances.

---

11 address ① (대중을 향해 말을 하니까) ⓝ 연설; 인사말 ⓥ **연설하다**
　　　The CEO was energetically **addressing** them. 그 CEO는 그들에게 힘차게 연설하고 있었다.
　　　② (누군가를 향하니까) ⓝ 주소 ⓥ ~을 보내다 ▶ 11-1
　　　③ (어떤 사람이나 사안을 향하니까) ⓥ **다루다** ▶ 11-2

12 subject ① (아래로 던져졌으니까) ⓐ 지배를 받는, 복종하는 ⓥ **지배하에 두다**
　　　The Roman Empire **subjected** most of Europe to its rule. 로마 제국은 유럽의 대부분을 지배하에 두었다.
　　　② (실험 아래로 던져진 것이니까) ⓝ **피실험자**; 주제; 과목; 백성, 신하 ▶ 12-1
　　　③ (종속되어 있으니까) ⓥ **당하게 하다**(subject A to B → A가 B를 당하게 하다) ▶ 12-2
　　　④ (영향을) 받기 쉬운, 당하기 쉬운 ▶ 12-3

13 Biologists who study whale behavior generally have to be content with hanging around in boats, waiting for their subjects to **surface**.

14 Synthetic adhesives could **yield** transformative applications in robotics, industry, medicine, sports and clothing.

15 Lord Hailsham, minister of science and an ardent supporter of the test ban, was chosen to **head** the team from the United Kingdom.

16 The music of the time **mirrored** the feeling of optimism in the country.

17 Through their lanterns, rescue workers were able to **peer** into the cave and confirm that Shaul and Goldin were still alive.

18 The police have expressed **grave** concern about the missing child's safety.

---

13 surface ⓝ 표면; 지면 ⓥ **드러나다, 수면으로 올라오다**

14 yield ⓝ 수확, 산출; 이익; 항복 ⓥ **산출하다**; 항복하다; 양도하다

15 head ⓝ 머리, 고개; 책임자 ⓥ 향하다; **이끌다**

16 mirror ⓝ 거울 ⓥ **반영하다**; 비추다

17 peer ⓝ 동료; 동등한 것; 귀족 ⓥ **자세히 보다**

18 grave ⓝ 무덤; 죽음 ⓐ 중대한, **심각한**

[해석]

01 정부가 아니라면 누가 미래 세대를 위해 이러한 귀중한 것들을 보관하겠는가?

02 많이 단순화시켜 말하자면, 기본적 아이디어들은 한 집단의 연구원들이 함께 일하는 대학과 실험실에서 넘쳐 나온다.

03 우리는 우리의 성장을 촉진할 수 있는 새로운 생각들을 단지 그것들이 우리의 선입견과 자아 개념의 일반적인 틀에 어울리지 않는다는 이유로 종종 묵살한다.

04 마다가스카르에만 약 8,000종의 화초들이 자생한다.

05 영화 대본은 우리의 상상력에 의해 채워지는 것을 너무나 많이 필요로 하기 때문에, 우리는 영화 대본을 읽음으로써 영화의 경험에 실제로 가까이 갈 수 없으며, 영화 대본을 읽는 것은 단지 우리가 그 영화를 이미 보았을 경우에만 가치가 있다.

06 그러나 공감은 어두운 면이 있다. 너무 지나친 이해와 세심함, 과도하게 다른 사람의 관점에서 상황을 보는 것은 판단을 흐리고 선택을 마비시킬 수 있다.

07 1940년대에 그 지역의 수녀들이 중병에 걸린 그를 줄곧 간호해 준 이후, 이에 감사했던 마티스는 그 예배당의 모든 세세한 일들을 헌신적으로 챙겼다.

08 사람들이 저장된 씨앗 종자를 의도적으로 심기 시작했을 때 그들은 또한 자신들의 식물을 보호하기 시작했다.

09 Paul은 몇 가지 기념품을 사고 싶었고, 그는 마음에 드는 조각품을 발견했다.

10 대부분의 사람들이 외부적 규범과 비교되었을 때 그들이 실제로 받을 만한 것보다 긍정적인 자질에 대해서는 자신을 더 호의적으로 평가하고, 부정적인 것에 대해서는 자신을 덜 비판적으로 평가하는 경향이 있다.

11-1 그녀에게 온 것은 아무것도 없었다. 오늘은 그녀의 16번째 생일이었지만, 그녀의 아빠로부터 온 생일카드조차도 없었다.

11-2 그 연구는 지구의 식물이 강수량, 온도, 그리고 구름 양의 패턴의 변화에 대해 어떻게 반응해왔느냐의 문제를 다루고 있다. 이러한 기후의 요소들은 식물이 어떻게 성장하느냐를 결정한다.

12-1 연구원들은 대학생 자원자들에게 판타지 형태의 경험을 하는 생각을 하라고 요청하고 나서, 판타지가 실험 대상자에게 끼친 영향과 현실에서 일이 어떻게 전개되었는지에 끼친 영향에 대해 평가했다.

12-2 여러분이 힘들게 쟁취한 초안 전체가 차갑고 객관적인 정밀 조사를 당하게 하는 것은 숙달하기 가장 어려운 활동 가운데 하나지만, 그것은 반드시 필수적이다.

12-3 전통은 정적인 것이 아니라, 사람들과 그들의 환경에 적절한 아주 작은 변화들에 끊임없이 영향을 받기 쉬웠다.

13 고래의 행동을 연구하는 생물학자들은 그들의 관찰 대상이 수면으로 올라오는 것을 기다리면서 보트 안에서 거니는 것에 보통 만족해야만 한다.

14 합성 접착제는 로봇, 산업, 의학, 스포츠 및 의류에서 변형 응용을 산출해낼 수 있다.

15 과학부 장관이자 시험 금지의 열렬한 지지자인 Lord Hailsham은 영국에서 온 팀을 이끌기 위해 선발되었다.

16 그 당시의 음악은 그 나라의 낙관적인 느낌을 반영했다.

17 구조 대원들은 등불을 통해 동굴 안을 자세히 볼 수 있었고 Shaul과 Goldin이 아직 살아있음을 확인할 수 있었다.

18 경찰은 실종된 아이의 안전에 대해서 심각한 우려를 표명했다.

부록 2. 뜻이 많아 헷갈리는 혼동의 다의어

01 account

① 이야기, 말, 설명, 해석, 설명하다(for)
People often give very different accounts of the same event.
사람들은 종종 같은 사건에 대해 매우 다른 이야기를 한다.

② 계좌, 계정, 장부
You can withdraw money from the account at any time without penalty.
당신은 그 계좌에서 아무 때나 위약금 없이 돈을 인출할 수 있습니다.

③ 이유, 근거, 중요성, 원인이 되다(for)
This man was later released on account of not being guilty.
이 남자는 죄가 없다는 이유로 나중에 석방되었다.

④ 여기다, 간주하다
In English law, a person is accounted innocent until they are proved guilty.
영국법에서는, 유죄가 입증될 때까지 무죄로 간주된다.

⑤ 비율을 차지하다(for)
Europe accounts for only a small percentage of all corn exports.
유럽은 전체 곡류 수출량에 있어서 낮은 비율만을 차지한다.

02 apply

① 적용하다(to)
Apply the same principle to all your routine activities.
똑같은 원칙을 당신의 모든 일상적인 활동에도 적용해라.

Teachers can apply many strategies to reduce the negative impact of anxiety on learning and performance.
교사들은 학습 및 수행에 대한 걱정의 부정적인 영향을 줄이기 위해서 많은 전략을 적용할 수 있다.

② 적용되다, 해당되다(to)
The book does not apply to children.
그 책은 어린이용이 아니다.

③ 지원하다(for)
You might as well apply for the job, even though you're too young. (2017, 기상직 9급)
비록 지나치게 어리더라도, 당신은 그 일에 지원하는 편이 낫다.

④ 바르다(to)
You can use essential oils of these scents by applying them to the back of your neck or the inside of your wrist.
목의 뒤쪽이나 손목의 안쪽에 바름으로써 당신은 이 향들의 정유를 사용할 수 있다.

03 appreciate

① 감사하다
I would really appreciate it if you could allow my son to register additionally.
제 아들이 추가적으로 등록할 수 있도록 해주신다면 정말 감사하겠습니다.

② 감상하다, 평가하다
If you want to appreciate artworks, it's important to know their theme.
당신이 예술 작품을 감상하길 원한다면, 그것들의 주제를 아는 것이 중요하다.

③ 이해하다, 인식하다
It is difficult to appreciate what a temperature of 20,000,000℃ means.
섭씨 2천만 도의 온도가 무엇을 의미하는지를 이해하는 것은 어렵다.

04 article

① 항목, 조항
Article 10 of the European Convention guarantees free speech.
유럽 협약 제10조는 언론의 자유를 보장하고 있다.

② 기사, 글, 논문
In the nutrition industry, articles are often written discussing a new nutrient under investigation.
영양 산업에서는 연구 중인 새로운 영양분에 대해 논의하는 기사가 흔히 작성된다.

③ 품목, 물품, 물건
The man took the article, examined it, turned it over, weighed it, and took up a magnifying glass to look at it more closely.
그 사람은 그 물건을 가져가, 그것을 검사하고, 뒤집어 보고, 무게를 달고, 그것을 더 세밀히 살펴보기 위해서 확대경을 가져왔다.

05 bar

① 빗장, 바리게이트, 장애물, 창살
At the zoo, visitors may witness a great beast pacing behind the bars of its cage.
동물원에서 방문객들은 큰 동물이 우리의 창살 뒤에서 걸어 다니는 것을 목격할 것이다.

② 막다, 차단하다
Mill noted that large sections of the working classes were barred from entering skilled professions because they entailed many years of education and training.
Mill은 상당 부분의 노동자 계층이 전문직으로 진입하는 것이 제한되었다는 것을 주목했는데, 왜냐하면 그것들은 상당 기간의 교육과 훈련을 수반했기 때문이다.

③ 변호인, 재판, 법정
He was admitted to the bar.
그는 변호사 자격을 얻었다.

④ (술·간단한 음식의) 판매대, 술집, 바
Across the U.S., bars and restaurants are rationing their supply or, like Alaska Airlines, eliminating limes altogether.
미국 전역에 걸쳐서 술집과 식당에서는 그것들의 공급을 제한하거나 알래스카 항공처럼 라임을 완전히 없애고 있다.

06 bill

① 청구서, 계산서, 계산서에 금액을 기입하다, 계산서를 청구하다

Enclosed is a copy of the original receipt and the repair bill.

원래의 영수증 사본과 수리비 계산서를 동봉합니다.

The mechanic will bill me for the car repairs.

그 수리공은 자동차 수리에 대한 계산서를 내게 청구할 것이다.

② 법안

The organization tried to arouse public opinion against the bill.

그 단체는 그 법안에 대한 반대 여론을 환기시키려고 하였다.

07 board

① 이사회, 위원회

a board of directors 이사회

In leading the planning meetings of the two boards, he carefully kept the groups focused on the long-range issues.

두 위원회의 기획회의를 이끌면서, 그는 주의 깊게 그 단체들이 장기적인 문제에 집중하도록 했다.

② 탑승하다, 승선하다, 승차하다

The platform 9 was crowded with people trying to board the train.

9번 플랫폼은 기차를 타려는 사람들로 붐볐다.

08 cast

① 표를 던지다

Who are you going to cast your ballot for?

누구에게 표를 던지실 겁니까?

② 연극배우를 뽑다, 배역을 결정하다

He has cast her as an ambitious lawyer in his latest movie.

그는 최근 영화에서 그녀에게 야심 있는 변호사 역을 맡겼다.

③ 제비를 뽑다

Let's cast lots to decide who should go first.

누가 제일 먼저 갈지 제비를 뽑아 결정하자.

④ 주물, 깁스, 던지기

The doctor told me that I should wear a cast on my arm for a while.

의사는 나에게 당분간 팔에 깁스를 해야 한다고 말했다.

09 charge

① 충전하다, 장전하다, 충전, 장전
Before use, the battery must be charged.
배터리는 사용 전에 충전을 해야 한다.

② 책임지우다, 책임 (in charge of ~을 책임지는, 담당하는)
At the top, as we have seen, was the *scalco*, or steward, who was in charge of not only the kitchen, but also the dining room. (2018, 지방직 9급)
우리가 보았듯이 최상위에는 주방뿐만 아니라 식당까지 책임졌던 scalco 즉, 급사장이 있었다.

③ 비난하다, 고소[기소]하다(with), 공격하다, 비난, 고소[기소], 공격
He was charged with murder.
그는 살인죄로 기소되었다.

④ 청구하다, 비용
Donors are issued membership cards which allow them to borrow equipment free of charge.
기증자들에게는 무료로 기기를 빌릴 수 있는 회원 카드가 발급됩니다.

10 commit

① 위탁하다, 위임하다
The organization is committed to AIDS prevention and education.
그 조직은 에이즈 예방 및 교육을 위임받았다.

② 헌신하다, 전념하다
When young men are so committed to playing football and improving their skills on the field that they use muscle-building drugs, they become deviant.
젊은 남성들이 미식축구를 하는 것과 그들의 기술을 향상시키는 것에 지나칠 정도로 전념하여 근육을 형성하는 약물을 복용할 때, 그들은 일탈하게 된다.

③ (죄를) 범하다, 저지르다
As a result, the aggressive driver generally commits multiple violations in an attempt to make up time. (2018, 서울시 9급)
그 결과 공격적인 운전자들은 보통 시간을 보상하려는 시도에서 다양한 위반을 저지른다.

11 condition

① 상태
Entertainment is a performance or other presentation intended to induce enjoyment, an emotional condition.
오락물은 즐거움이라는 하나의 감정 상태를 유발하도록 의도된 공연이나 다른 식의 표현이다.

② 조건, 조건을 붙이다
under laboratory conditions
실험실 조건 하에서

The present to the boy was conditioned on his good results.
소년에게 줄 선물은 그의 좋은 성적을 조건으로 하고 있었다.

③ 길들이다
Our beliefs, values, thoughts, and emotions are highly conditioned to match the needs of the marketplace.
우리의 신념, 가치, 생각, 그리고 감정은 시장의 요구에 맞추도록 고도로 길들여진다.

12 conduct

① 이끌다, 운영하다, 실시하다, 수행하다

An experiment was conducted with a group of women who had low satisfaction in life. (2015, 국회직 9급)
삶에서 낮은 만족도를 지닌 한 무리의 여성들에게 한 실험이 실시되었다.

② 지휘하다, 지휘

The man is conducting a musical.
남자가 뮤지컬을 지휘하고 있다.

③ 전하다, 통하다

Copper conducts electricity, but plastic does not.
구리는 전기를 전하지만 플라스틱은 그렇지 않다.

13 contain

① 함유하다, 포함하다, 담다

Carbonated beverages contain a lot of sugar.
탄산음료에는 설탕이 많이 들어 있다.

② 억누르다, 참다, 억제하다

Although doctors struggled to contain the epidemic, it has swept all the world. (2020 경찰 1차)
비록 의사들이 전염병을 억제하려고 노력했지만, 그것은 전 세계를 휩쓸었다.

14 content

① 내용(물)

What children in remote parts of India lack is access to good teachers and exposure to good-quality content. (2018, 국가직 9급)
인도의 외떨어진 지역에 사는 아이들에게 부족한 것은 훌륭한 교사들에 대한 접근성과 양질의 (교육) 내용에 대한 노출이다.

② 함유량, 용량, 면적, 범위

The salt content of the ocean is being continually added to by runoff from the land, but it is not increasing.
육지에서 흘러 들어오는 빗물로 인해 바다의 소금 함유량이 계속 더해지고 있지만, 그것이 증가하고 있는 것은 아니다.

③ 만족한, 만족시키다(=satisfy), 만족하다

You're relaxed and content until someone sits down next to you and distracts you.
당신은 누군가가 당신의 옆에 앉아서 주의를 산만하게 할 때까지 느긋하고 만족해한다.

15 contract

① 계약(서), 약정, 계약하다, 약정하다

The contract has no legal effect.
그 계약은 법적 효력이 없다.

She has contracted to work 20 hours a week.
그녀는 일주일에 20시간 일하기로 계약했다.

② (병에) 걸리다

Over 2-and-a-half million people globally have now contracted COVID-19 with the number of deaths over 175-thousand.
전세계적으로 250만명이 넘는 사람들이 17만 5천명 이상의 사망자와 함께 현재 코로나19에 걸렸다.

③ 수축시키다, 수축하다, 줄다

The clothes contracted a lot when they were first washed.
그 옷은 처음 빨았을 때 많이 수축되었다.

16 count

① 세다, 셈

Don't count your chickens before they hatch.
병아리가 부화되기 전까지 그 수를 세지 마라.(김칫국부터 마시지 마라.)

② 포함하다, 간주하다

Scientists have been handicapped by lack of knowledge of what to count. (2017, 국가직 9급)
과학자들은 무엇을 포함할 지에 관한 지식이 부족해서 제약을 받아왔다.

③ 중요하다

Every vote counts.
모든 표가 중요하다.

17 deliver

① 전달하다, 전하다

Internet can deliver targeted messages directly to consumers based on their shopping behavior.
인터넷은 소비자들의 쇼핑 행동에 기초하여 (그들을) 겨냥한 메시지를 그들에게 직접 전달할 수 있다.

② (아이를) 낳다(수동태, of)

She was delivered of a healthy boy.
그녀는 건강한 사내아이를 출산했다.

③ (판결을) 내리다, (연설을) 하다

The jury finally delivered a verdict of not guilty.
배심원단이 마침내 무죄 판결을 내렸다.

Assured, Gabby smiled and started to deliver her speech.
자신감이 생긴 Gabby는 미소를 지으며 연설하기 시작했다.

18 determine

① 결정하다

Our self-image is the blueprint which determines how we see the world.
우리의 자아상은 우리가 세계를 어떻게 보는가를 결정하는 청사진이다.

It is the interplay between rules and randomness that will determine outcomes.
결과를 결정짓는 것은 규칙과 임의성 간의 상호작용이다.

② 결심하다(to RV)

I determined to become a doctor.
나는 의사가 되기로 결심했다.

Harry and Max were determined to learn from their parents' mistake.
Harry와 Max는 부모님의 실수로부터 배우기로 결심했다. (이때 형용사로 쓰임.)

③ 밝혀내다, 알아내다

The police spent seven months working on the crime case but were never able to determine the identity of the malefactor. (2018, 국가직 9급)
경찰은 그 범죄 사건을 수사하는 데 7개월을 보냈지만 범인의 정체를 전혀 밝혀낼 수 없었다.

Two factors have made it difficult for scientists to determine the number of species on Earth. (2017, 국가직 9급)
두 가지 요소는 과학자들이 지구상의 종의 수를 밝히는 것을 어렵게 해왔다.

19 develop

① 개발하다, 발전시키다

Newtown has developed a new subway system. (2018, 경찰직 1차)
Newtown은 새 지하철 체계를 개발시켜왔다.

② 현상하다, 인화하다

I had the film developed yesterday.
나는 어제 그 필름을 현상했다.

He developed some old negatives from his grandparents' wedding day.
그는 그의 조부모님 결혼식 날의 오래된 음화 (필름) 몇 장을 현상했다.

③ (병에) 걸리다

He developed cancer.
그는 암에 걸렸다.

The study shows that one in twelve women is likely to develop breast cancer.
그 연구는 열두 명의 여성 가운데 한 명 꼴로 유방암에 걸릴 가능성이 있다는 점을 보여준다.

20 draw

① (돈을) 인출하다
The check was drawn on his personal account.
그 수표는 그의 개인 계좌에서 인출되었다.

② 끌다
The United States might get drawn into war with its neighbors.
미국은 이웃들과의 전쟁에 끌어질 수도 있다.

In crying out, the danger-spotting squirrel draws attention to itself, which may well attract the predator.
큰 소리를 낼 때, 위험을 감지한 그 다람쥐는 자신을 주목하도록 하는데, 그것은 아마 포식자의 주의를 끌 것이다.

③ 이끌어 내다, 도출하다
A useful parallel can be drawn between the credit card and cigarette industries.
신용카드 업계와 담배 업계 사이에 유용한 유사점을 이끌어 낼 수 있다.

It is important to draw a meaningful result from the experiment on peer group activities.
또래 집단 활동에 관한 실험에서 의미 있는 결과를 도출하는 것이 중요하다.

21 edge

① 끝, 가장자리, 날, 모서리, 경계
Keep away from the edge of the cliff.
절벽의 끝에서 멀리 떨어져라.

② 위기, 위급한 판국
They have brought the country to the edge of disaster.
그들이 그 나라를 재난의 위기로 몰아넣었다.

③ 우위, 유리함
The competitive edge of the Korean brands is their reasonable prices, a greater variety of colors, and clothes that are tailored to fit the Asian body.
한국 브랜드의 경쟁 우위는 합리적인 가격, 더욱 다양한 색상, 그리고 아시아인 신체에 맞는 맞춤 의복이다.

22 figure

① 모양, 형상, 형체
Liz saw a dark figure creep into the open and draw near to the trees. (2016, 경찰직 1차)
Liz는 검은 형체가 공터가 있는 쪽으로 살금살금 기어가 나무 가까이로 가는 것을 보았다.

② 거물, 인물
Every day, it seems, we learn of an apology from a prominent figure in response to an indiscretion of some sort.
매일, 우리는 저명인사들로부터 일종의 무분별함에 대한 반응으로 사과를 듣는 것 같다.

③ 표상, 상징, 상상하다, 생각하다
The dove is a figure of peace.
비둘기는 평화의 상징이다.

④ 숫자, 수치, 수량, 계산, 계산하다, 이해하다(out)
In performance evaluation, we should consider contextual factors affecting the individual's performance rather than rely on figures only.
업무 수행 평가에 있어서 우리는 수치에만 의존하기보다는 개인의 업무 수행에 영향을 미치는 상황적 요인들을 고려해야 한다.

23 get

▶ **1형식(get+부사/전치사+명사)**

I need to get to the airport for my business trip, but my car won't start. (2018, 국가직 9급)
나는 출장 때문에 공항에 가야 하지만 내 차가 시동이 걸리지 않을 것이다.

▶ **2형식(get+형용사)**

Growing medicinal herbs at home is getting popular all over the world. (2016, 기상직 9급)
집에서 약초를 기르는 것은 전 세계적으로 인기를 얻고 있다.

▶ **3형식(get+명사) → ~을 얻다/받다/구하다/가다/이해하다/데려가다/준비하다**

① **얻다, 받다**

If you know the steps, you increase your chances of getting the job. (2013, 서울시 9급)
당신이 그 단계들을 안다면, 당신은 일을 얻을 가능성을 높이게 된다.

② **사다, 구하다**

The poor woman couldn't afford to get a smartphone. (2016, 지방직 9급)
그 가난한 여성은 스마트폰을 살 돈이 없었다.

③ **가다, 도착하다**

get the shore
해변에 도달하다

④ **이해하다**

I didn't get what you said because you talked so fast.
네가 너무 빨리 말해서 네 말을 이해하지 못했어.

⑤ **데려가다**

He said he would get Michael into the game.
그는 Michael을 경기로 데려갈 것이라고 말했다.

⑥ **(식사를) 준비하다**

Tom fell asleep while I was getting lunch.
내가 점심을 준비하는 동안 Tom은 잠들었다.

▶ **4형식(get+IO+DO) → 사다주다**

Get me some wine from your trip to Brazil. (2013, 서울시 9급)
네 브라질 여행에서 내게 와인을 좀 사다주렴.

▶ **5형식(get+O+to RV/p.p.) → 시키다**

The teacher got us to put out the fire immediately.
그 선생님은 우리가 즉시 불을 끄도록 했다.

I am going to keep my car and get it repaired. (2016, 기상직 9급)
내 차를 계속 두고 수리하려고 해요.

24 hold

[= grasp(붙잡다) + keep(유지하다)]

① ~을 들다, 붙잡다

The woman held her baby.

그 여자는 자기 아기를 안았다.

The coach taught me how to hold the racket.

그 코치는 나에게 라켓을 잡는 방법을 가르쳐주었다.

② 잡아두다

Hold the line, please. (=Hold on, please.)

전화를 끊지 말고 잠시 기다려주세요.

How long can you hold your breath?

너는 숨을 얼마나 오래 참을 수 있니?

③ 유지하다

Please hold the door open.

문을 열어 두세요.

Workers held the ladder steady.

일꾼들은 사다리를 고정시켰다.

④ 개최하다

Korea held the 2018 Winter Olympics in Pyeongchang.

한국은 평창에서 2018년 동계 올림픽을 개최했다.

The camp will be held next month on the college campus.

그 캠프는 다음 달에 대학 캠퍼스에서 열릴 것이다.

👨 Shim's tip

'hold' 관련 이어동사

1 hold back ① 막다, 저지하다 ② 억제하다 ③ 비밀로 해두다 ④ 방해하다

The police were unable to hold back the crowd.

경찰이 군중을 저지하지 못했다.

He could no longer hold back his tears.

그는 더 이상 눈물을 참을 수가 없었다.

2 hold down 억제하다, 통제하다

Such contracts can hold down costs.

그러한 계약은 비용을 억제할 수 있다.

Can anyone please go and hold down the noise in the hallway?

누가 가서 복도에 있는 사람들 좀 조용히 하게 통제할 수 없나요?

3 hold on to ① 단단히 잡다 ② 고수하다

Hold on to the rope firmly.

밧줄을 계속 꼭 붙잡고 있으세요.

If you hold on to your dream, you can achieve it!

꿈을 잃지 않으면 이룰 수 있어요!

25 manage

① 관리하다, 경영하다

It's just not feasible to manage the business that way.
그러한 방식으로는 그 사업을 꾸려 나갈 수가 없다.

② 가까스로 해내다, 그럭저럭 잘 해내다(to RV)

If only he had managed to walk to the village, he would have been rescued.
그가 어떻게든 마을까지 걸어가기만 했다면 구조되었을 텐데.

26 match

① 시합

The contest was decided in the same manner as a boxing match. (2018, 지방직 9급)
그 대회는 권투 시합과 같은 방식으로 결정된다.

② 적수, 상대

The hunters, armed only with primitive weapons, were no real match for an angry mammoth.
원시적인 무기로만 무장한 사냥꾼들은 화난 매머드의 실제 적수가 되지 못했다.

③ 조화되다, 맞추다

Commercial media ensures that consumers adopt values and beliefs that match the general requirements of the economy.
상업 매체는 반드시 소비자가 경제의 일반 요건에 부응하는 가치와 신념을 채택하게 한다.

27 matter

① 물질

Add plenty of organic matter to improve the soil.
토양을 개선하려면 유기물을 충분히 보충하라.

② 문제, 일, 사건

to make matters worse 설상가상으로

You might have tried to decide on priorities, but you have failed because of everyday trivial matters and all the unforeseen distractions. (2018, 지방직 9급)
당신은 우선순위에 따라 결정하려 노력했을 수도 있지만 매일의 사소한 문제들과 모든 예측하지 못한 방해물로 인해 실패했다.

③ 중요하다

This matters when we want to make better decisions. (2017, 지방직 9급)
우리가 더 나은 결정을 내리기를 원할 때 이것이 중요하다.

28 note

① 메모, 쪽지

When I got to the hotel, I reached in my pocket to discover a small note from my daughter.

내가 호텔에 도착했을 때, 나는 딸에게서 온 작은 쪽지를 찾기 위해 주머니에 손을 넣었다.

② 필기, 기록, 적어두다

Unlike any of his colleagues, but as was his usual practice, James did not take any notes about the meeting.

그의 동료들과는 달리, 하지만 언제나 그랬듯이, James는 회의에 관하여 아무런 기록도 하지 않았다.

I have a habit of noting down the main points of a lecture.

나는 강의의 요점을 적어두는 습관이 있다.

③ 음, 음표

Imagine yourself deep in thought, hearing the beautiful sequence of notes.

일련의 아름다운 음을 들으면서 깊은 생각에 빠진 네 자신을 상상해 보렴.

In the hands of a composer, the notes of a musical scale can be rearranged to form a melody.

작곡가의 손에서, 음계의 음들이 멜로디를 만들기 위해서 재배열될 수 있다.

④ 주의, 주목, 유명함, 주의하다, 주목하다

Please take note of these important dates below.

아래 중요한 날짜들에 주목하세요.

Please note that fishing is generally not permitted in this area.

이 지역에서는 일반적으로 낚시가 허용되지 않음에 주의하세요.

The study notes that openness to foreign trade benefits the poor to the same extent that it benefits the whole economy. (2017, 국가직 9급)

그 연구는 해외 무역에의 개방이 전체 경제에 이익을 주는 것과 같은 정도로 가난한 사람들에게 이익을 준다는 점에 주목한다.

⑤ 언급하다, 말하다

"Two to eight months of not exercising at all will reduce your fitness level to as if you never exercised before," Weiss notes. (2017, 지방직 9급)

"2개월에서 8개월 동안 운동을 전혀 하지 않으면, 마치 전에 결코 운동을 하지 않은 것처럼 체력 수준을 감소시킬 거예요"라고 Weiss는 말한다.

⑥ 알아차리다

Nobody noted the water dripping from the ceiling until I came back.

내가 돌아올 때까지 아무도 천장에서 물이 떨어지는 것을 알아차리지 못했다.

29 object

① 물건, 물체

They know that artistic representation is always explaining, refining, and making clear the object depicted.

그들은 예술적 표현이 묘사되는 사물을 항상 설명하고, 다듬고, 명확하게 만들고 있다는 것을 안다.

② 목적

The object of this study is to research energy use.

이 연구의 목적은 에너지 사용을 조사하는 데 있다.

③ 반대하다(to)

Many local people object to the building of the new airport.

많은 지역 주민들이 그 새 공항 건설을 반대한다.

30 operate

① 작동하다

The washing machine made a lot of noise, and later, it stopped operating entirely.

그 세탁기는 많은 소음을 냈으며, 나중에 그것은 완전히 작동을 멈추었다.

② 경영하다, 관리하다

The company operates three factories and a coal mine.

그 회사는 공장 세 곳과 탄광 한 곳을 운영하고 있다.

③ 수술하다

operating table 수술대

We will have to operate on his eyes.

우리가 그의 눈에 수술을 해야 할 겁니다.

31 pay

① 지불하다, 지불, 보수, 급료, 보상

How much she pays for her clothes or where she buys them does not interest her husband. (2017. 지방직 7급)

그녀의 남편은 부인이 옷값으로 얼마를 지불하는지 혹은 어디서 구입하는지에 관심이 없다.

② (주의·경의 등을) 표하다

In fact, foreign language learners can enhance their reading ability by paying attention to the context while skipping unknown words and phrases. (2015. 지방직 7급)

실제로, 외국어 학습자들은 모르는 단어와 구절들을 넘어가면서 문맥에 주의를 기울임으로써 그들의 독해 능력을 향상시킬 수 있다.

③ 수지가 맞다, 이익을 주다, 결실을 맺다

Your efforts will pay off.

당신의 노력이 결실을 맺게 될 것이다.

32 pose

① 자세

He adopted a relaxed pose for the camera.

그는 카메라를 향해 느긋한 포즈를 취했다.

② (문제를) 제기하다

Savannas pose a bit of a problem for ecologists.

사바나는 생태학자들에게 약간의 문제를 제기한다.

33 present

① 제공하다, 주다(with)

In one experiment, shoppers in a supermarket were presented with free samples of jams and jellies.
한 실험에서 어느 슈퍼마켓에 있는 고객들이 잼과 젤리의 무료 샘플을 제공받았다.

② 출석하다, 출석한

Only a few people were present at the meeting.
겨우 몇몇 사람들이 회의에 출석했다.

③ 선물

When he retires next month, we will give him a present. (2018. 경찰직 1차)
그가 다음 달에 은퇴하면, 우리는 그에게 선물을 줄 것이다.

④ 현재

The present is all we have, and the more we are surrounded by it, the more we are aware of our own presence and participation. (2018. 국가직 9급)
현재는 우리가 지닌 모든 것이며, 우리가 더 현재에 둘러싸여 있을수록 우리는 더욱 우리 자신의 존재와 관여를 인식하게 된다.

34 refer

① 언급하다, 일컫다(to)

Duration refers to the time that events last.
지속 시간은 사건이 지속되는 시간을 말한다.

Each dolphin has its own vocalization that is referred to as a signature-whistle.
돌고래는 저마다 특유의 휘파람이라는 고유의 발성법을 가지고 있다.

② 문의하다, 조회하다, 참조하다

For more information, please visit our homepage or refer to the notice on the bulletin board.
추가적인 정보를 원하시면, 저희 홈페이지를 방문하시거나 게시판 공지사항을 참조하십시오.

③ 위탁하다, 맡기다, 회부하다

They decided to refer the dispute to the United Nations.
그들은 그 논쟁을 UN에 일임하기로 했다.

35 reserve

① 떼어 두다, 비축하다, 저장하다, 비축물

The first subway car and the last subway car will be reserved for people with bicycles only.
첫 번째 지하철 칸과 마지막 지하철 칸은 자전거를 지닌 사람들만을 위해 남겨질 것이다.

② 내성적임, 자제, 내성적인(reserved)

She found it difficult to make friends because of her natural reserve.
그녀는 천성이 내성적이어서, 친구 사귀기가 힘들었다.

If you are someone who is reserved, you tend to keep your feelings hidden and do not like to show other people what you really think. (2014. 지방직 9급)
당신이 내성적인 사람이라면, 당신의 감정을 숨기고 다른 사람들에게 당신이 실제로 생각하는 것을 보여주는 것을 좋아하지 않는 경향이 있다.

36 stick

① 나뭇가지, 막대기, 지팡이
We collected dry sticks to start a fire.
우리는 불을 피우기 위해 마른 나뭇가지들을 주워 모았다.

② 찌르다
The nurse stuck the needle into my arm.
간호사가 내 팔에 주사 바늘을 찔렀다.

③ 고정시키다, 들러붙게 만들다(=fasten), 들러붙다
Dust gets into the computer and sticks to the fan, and this blocks the air flow.
먼지가 컴퓨터에 들어가서 송풍기에 들러붙으면, 이것이 공기의 흐름을 차단한다.

37 stock

① 비축하다, 갖춰 두다
The store across the street stocks all sorts of gifts for travelers.
길 건너편의 그 상점은 여행자들을 위한 모든 종류의 선물들을 갖추고 있다.

② 재고
It's really popular and currently out of stock.
그것은 정말 인기가 좋아 현재 재고가 없다.

③ 주식
The collapse of the New York stock market led to a worldwide economic depression and mass unemployment.
뉴욕 주식 시장의 붕괴는 전 세계적인 경제 불황과 대량 실업으로 이어졌다.

38 stress

① 압박, 스트레스
Stress can have a negative impact on one's mental, as well as physiological, functioning. (2017, 사회복지직 9급)
스트레스는 생리학상으로 뿐만 아니라 정신적으로 기능하는 것에 부정적인 영향을 미칠 수 있다.

② 강세
We worked on pronunciation, stress and intonation.
우리는 발음, 강세, 억양에 대해 공부했다.

③ 강조하다
The young CEO stressed the importance of cooperation.
그 젊은 CEO는 협력의 중요성을 강조했다.

39 stuff

① 일[것], 물건
Focus means getting stuff done. (2018, 국가직 9급)
집중이란 일을 끝마치는 것을 의미한다.

② ~을 채우다
She quickly stuffed her clothes into the suitcase.
그녀는 재빨리 옷가지를 가방에 채워 넣었다.

40 suit

① ~에게 어울리다, 적합하다
These rectangular frames suit the shape of your face.
이 직사각형 안경테가 네 얼굴형에 잘 어울린다.

② 소송
The family filed a suit against the hospital.
가족들이 병원을 상대로 소송을 냈다.

41 take

① 가지다, 취하다
(→ 받다 / 획득하다 / 빼앗다 / 포획하다 / 점령하다 / 구독하다 / 채용하다)
I plan to take a computer course.
나는 컴퓨터 수업을 받을 계획이다.

The police officer took my name and address.
그 경찰관이 내 이름과 주소를 적어 갔다.

The rebels succeeded in taking the town.
반란군들이 그 도시를 장악(차지)하는 데 성공했다.

② 걸리다, 필요하다 (take (+ 사람) + 시간·노력 + to RV)
cf It costs (+ 사람) + 금액 + to RV : (~가) RV하는 데 …의 돈이 든다
It will take two hours to get there.
거기 가는 데 2시간이 걸릴 것이다.

It took us three days to finish the assignment.
우리가 그 과제를 끝내는 데 사흘이 걸렸다.

Anyone can listen to music, but it takes talent to become a musician. (2018, 국가직 9급)
누구나 음악을 들을 수 있지만, 음악가가 되는 데에는 재능이 필요하다.

③ 데려가다 (take + O + to 장소)
He took me to the airport as quickly as possible.
그는 가능한 한 빨리 나를 공항으로 데려갔다.

It's her talent that has taken her to the top, not her beauty.
그녀를 정상에 올려놓은 것은, 그녀의 아름다움이 아니라 바로 그녀의 재능이다.

Take your problems to a professional, if you can't handle them.
너의 문제들을 네가 다룰 수 없다면 전문가에게 맡겨라.

🧑 Shim's tip

'take' 관련 이어동사

1 take after ~을 닮다

The child takes after his father. 그 아이는 아빠를 닮았다.

2 take back ① 되찾다 ② 취소[철회]하다 ③ 반품하다 ④ 상기시키다

take my money back 내 돈을 되찾다
You can't take back your words once they've been said.
한번 뱉은 말은 주워 담을 수 없다.

3 take in ① 섭취하다 ② 이해하다 ③ 숙박시키다, 수용하다 ④ 속이다

The cells grow up as they take in water. 그 세포는 물을 받아들일수록 커진다.
I didn't take in most of the lecture. 나는 그 강의의 대부분을 이해하지 못했다.

4 take on ① 고용하다 ② 떠맡다 ③ ~와 겨루다

The company took on a new clerk. 그 회사는 새 직원을 고용했다.
Don't take on too much work. 과로하지 마.
It was brave of you to take on a man twice your size.
네 덩치의 두 배인 사람과 싸우다니 너는 용감했다.

5 take apart (기계 등을) 분해하다

I had to take the computer apart and reassemble it.
나는 컴퓨터를 분해해서 다시 조립해야 했다.

6 take off ① 벗다 ② 이륙하다 ③ 제거하다

Take off your clothes and put this gown on. 옷을 벗고 이 가운을 입으세요.

42 tend

① ~하는 경향이 있다, ~하기 쉽다(to RV)

Because they hear more, good listeners tend to know more and to be more sensitive to what is going on around them than most people. (2018, 국가직 9급)
더 많이 듣기 때문에, 훌륭한 청자들은 대부분의 사람들보다 더 많이 알고 그들 주위에서 일어나는 것들에 대해 더 민감한 경향이 있다.

② 돌보다, 간호하다

More doctors were required to tend the sick and the wounded. (2017, 지방직 9급)
환자들과 부상자들을 돌보기 위해 더 많은 의사가 필요했다.

43 term

① 기간

Acute insomnia is also known as short term insomnia or stress-related insomnia. (2018. 국가직 9급)

급성 불면증은 단기 불면증 또는 스트레스와 관련된 불면증으로도 알려져 있다.

② 조건

What are the terms of the deal?

거래 조건이 어떻게 됩니까?

③ 용어, 말

She didn't like the term Native American any more than my mother did. (2013. 지방직 9급)

그녀는 나의 엄마가 그랬던 것만큼이나 아메리카 원주민이라는 용어를 좋아하지 않았다.

④ 관계

I am on good terms with most of my friends.

나는 대부분의 내 친구들과 사이가 좋다.

44 treat

① 다루다, 취급하다, 대우하다

Fortunately, Ricky was very good at baseball, and was treated like a hero among his playmates.

다행히 Ricky는 야구를 아주 잘해서, 놀이 친구들 사이에서 영웅처럼 대접받았다.

② 치료하다, 진료하다

Kate's father was a doctor, and every summer he went to Africa to treat people who were too poor to go to a hospital.

Kate의 아빠는 의사였으며, 매년 여름 그는 너무 가난해서 병원에 갈 수 없는 사람들을 치료해 주기 위해 아프리카에 갔다.

③ 처리하다, 논하다, 절충하다, 교섭하다

All information was treated as strictly confidential.

모든 정보는 엄격히 기밀로 처리되었다.

45 utter

① 말하다

He didn't utter a word at the conference.

그는 회의에서 한 마디도 말하지 않았다.

② 완전한

He is an utter stranger to me.

그는 나로서는 생판 모르는 사람이다.

부록 3. 까딱하면 실수하는 닮은꼴 영단어

001		
alert	알리다, 경보를 발하다, 경보; 기민한, 민첩한
alter	바꾸다, 변경하다
altar	제단

002		
ascent	상승, 오르기
assent	동의하다, 승인

003		
advisable	권할 만한, 바람직한
advisory	자문의, 조언의

004		
accumulate	축척하다, 모으다, 쌓다
accommodate	숙박시키다, 제공하다; 적응시키다; 수용하다

005		
astrology	점성술
archaeology	고고학
anthropology	인류학

006		
access	접근, 출입
assess	평가하다

007		
adapt	적응시키다, 적응하다
adopt	채택하다; 입양하다
adept	정통한, 능숙한; 숙련자, 달인

008		
addition	추가, 덧셈	
addiction	중독	
edition	(출간 횟수) 판, 회	

009		
aboard	탄, 승선[승차]한; 배 안에	
abroad	해외로, 해외, 외국; 널리, 일반적으로	

010		
absorb	흡수하다; 열중하게 하다	
absurd	어리석은, 터무니없는	

011		
arise	생기다, 발생하다, 유발되다	
rise	뜨다, 오르다, 증가하다, 상승; 일어나다	
raise	들어올리다; 인상하다; 기르다; 제기하다	
arouse	자극하다, 불러일으키다	

012		
affect	~에 영향을 미치다	
effect	영향, 효과; 결과	
infect	감염[전염]시키다, 오염시키다; 감염, 전염	
impact	충돌, 충격; 영향(력); 영향을 주다	

013		
aptitude	소질, 적성	
attitude	태도, 몸가짐, 자세	
altitude	고도, 높이	

014		
attention	주의, 주목	
intention	의도, 목적	

015	
attach	붙이다, 달다
attack	공격[습격]하다, 공격[습격]

016	
appliance	(가정용) 기기
application	신청(서), 지원(서); 적용

017	
bear	곰; 참다, 견디다; 지탱하다
bare	발가벗은; (신체 일부를) 드러내다

018	
bleed	피 흘리다
breed	(새끼를) 낳다; 기르다, 사육하다; 품종, 종

019	
bold	대담한, 뻔뻔스러운
bald	대머리의

020	
board	널빤지, 판자; 이사회, 위원회; 탑승하다
broad	넓은, 광대한

021	
bride	신부
bribe	뇌물

022	
beneficial	유익한, 이로운
beneficent	선행을 베푸는, 도움을 주는, 친절한

023	
beast	짐승
breast	가슴

024		
belief		믿음, 신념
brief		짧은, 간결한, 간단한

025		
beside		~옆에
besides		~이외에; 게다가, 뿐만 아니라

026		
breath		숨, 호흡, 입김
breathe		숨 쉬다, 호흡하다
breadth		폭, 넓이

027		
banish		추방하다, 쫓아 버리다
vanish		사라지다

028		
conform		따르다, 순응하다
confirm		확인하다, 확정하다; 입증하다

029		
compete		경쟁하다, 겨루다
complete		완료하다; 기입하다; 완벽한, 완전한
competence		능력, 역량
competition		경쟁, 시합, 경기
completion		완성, 수료
competitive		경쟁의, 경쟁에 의한
competent		능력 있는, 유능한

030		
considerate		사려 깊은, 이해심 많은
considerable		상당한, 많은

031	
confident	자신감 있는, 확신하는
confidential	비밀의, 기밀의; 신뢰하는

032	
credible	믿을 수 있는, 믿을 만한
credulous	잘 믿는, 속기 쉬운

033	
career	경력; 직업
carrier	운반(인); 보균자

034	
consent	동의하다
contend	다투다, 싸우다; 경쟁하다; 주장하다
content	만족하는; 만족시키다; 만족, 자족
contents	내용물, 차례, 목차

035	
collect	모으다, 수집하다
correct	옳은, 고치다, 수정하다

036	
council	의회
counsel	조언, 충고

037	
custom	관습, 풍습; 습관
customs	세관

038	
continuous	(무엇이 끊임없이) 지속적인, 계속되는
continual	(주로 행동 따위) 반복적인, 거듭되는

039	
conservation	보호, 보존
conversation	대화

040	
carve	새기다, 조각하다; (돌·나무를) 쪼다
curve	곡선, 커브; 굽히다, 휘다

041	
comply	응하다, 따르다, 준수하다
compile	엮다, 편집하다

042	
comprise	포함하다, 구성하다
compromise	타협하다, 타협, 절충안; (명성을) 손상시키다
promise	약속하다; 약속

043	
community	지역 공동체, 주민
commodity	상품, 일용품

044	
compliment	칭찬, 칭찬하다
complement	보충하다, 보어

045	
command	명령하다; 지배하다; 지휘하다
commend	추천하다; 칭찬하다
comment	논평하다; 논평, 언급

046	
commerce	무역, 상거래
commence	시작되다, 시작하다

047		
daily		매일의, 일일, 하루
diary		일기
dairy		낙농업, 우유판매업

048		
desert		버리다; 사막
dessert		후식

049		
disease		질병
decease		사망, 사망하다

050		
dependent		의존[의지]하는; 좌우되는
dependable		의지할 만한, 믿을[신뢰할] 만한

051		
dispute		논쟁하다, 논쟁; 토론하다, 토론
disrupt		방해하다; 붕괴하다, 분열[붕괴]된

052		
expand		확대[확장]하다, 팽창하다
expend		소비하다

053		
ethics		윤리학
ethical		윤리적인, 윤리의
ethnic		인종의, 민족의

054		
economic		경제(학)의
economics		경제학; 경제 (상태)
economical		절약하는, 경제적인

055	
expect	기대하다; ~라고 생각하다
except	~을 제외하고

056	
elect	선거(선출)하다
erect	직립의, 똑바로 선

057	
emit	방출하다, 내뿜다, 발사하다
omit	빠뜨리다, 생략하다

058	
fare	운임, (교통)요금
fair	타당한; 공평한, 공정한; 상당한; 박람회

059	
fellow	동료, 친구
follow	따르다, 따라가다

060	
flea	벼룩
flee(flee – fled – fled)	달아나다, 피하다

061	
find-found-found	발견하다
found-founded-founded	설립하다

062	
flame	불꽃, 불길
frame	골격, 뼈대, 틀, 구조

063	
fraction	조각, 파편, 부분
friction	마찰; 불화

064	
female	여성, 여성의
famine	기근, 배고픔
feminine	여성의, 여성다운

065	
general	일반적인, 전반적인; 장군, 대장
generous	관대한, 너그러운; 풍부한

066	
geology	지질학
geometry	기하학
geography	지리학

067	
globe	지구, 세계
glove	장갑

068	
grateful	고마워하는, 감사하는
graceful	우아한

069	
healthy	건강한
healthful	건강에 좋은

070	
hire	고용하다
heir	상속인; 후계자

071	
hospitality	환대
hostility	적의, 적대감

072	industrial	산업의
	industrious	근면한, 부지런한

073	ingenious	기발한, 독창적인
	ingenuous	순진한, 사람을 잘 믿는

074	inhibit	금지하다, 억제하다
	inhabit	살다, 거주하다

075	imaginary	상상의, 가상의
	imaginable	상상할 수 있는, 생각할 수 있는 모든
	imaginative	상상력이 풍부한, 상상하기 좋아하는

076	jealous	질투하는, 질투심 많은
	zealous	열성적인

077	literary	문학의, 학문의
	literate	읽고 쓸 수 있는, 학식이 있는
	literacy	읽고 쓸 수 있음
	literal	문자의, 글자 그대로의

078	loyal	충성스러운
	royal	왕실의

079	like	~같은; 좋아하다
	alike	서로 같은[닮은]; 비슷하게

080	
late	늦은; 늦게
lately	최근

081	
marble	대리석
marvel	놀라운 것, 경이, 놀라다, 경탄하다

082	
mortal	치명적인; 죽을 운명의
mental	정신의, 마음의
moral	도덕적인, 도덕상의
morale	사기, 의욕

083	
mumble	중얼[웅얼]거리다; 중얼거림
murmur	소곤[투덜]거리다; 투덜거림, 속삭임
murder	살해하다

084	
moderate	적당한; 중간의; 절제하는; 완화시키다
modest	겸손한; 많지 않은; 수수한, 아담한

085	
momentary	순간적인, 잠깐의
momentous	중대한, 중요한

086	
memorial	기념의, 기념하기 위한, 추모의; 기념물
memorable	기억할만한, 잊을 수 없는

087	
most	대부분(의); 최고(의)
almost	거의, 대개

088		
mass		큰 덩어리, 집단, 대중
mess		지저분함

089		
noble		고결한, 숭고한; 귀족의
novel		소설; 새로운

090		
physics		물리학
physical		물질의, 물리적인; 육체의, 신체의
physicist		물리학자
physician		내과의사

091		
pray		기도하다
prey		먹이, 희생(자); 잡아먹다

092		
proper		적절한, 적당한, 알맞은
prosper		번영하다, 번창하다

093		
principal		주요한, 주된; 교장
principle		원리, 원칙; 법칙

094		
previous		앞의, 이전의, 먼저의
precious		(물건이) 귀중한
precise		정밀한, 정확한

095		
pole		막대기, 기둥; (지구나 자석의) 극
poll		투표; 여론 조사
pool		웅덩이, 수영장; 이용 가능 인력

096		
protect		보호하다
protest		항의하다, 항의; 주장하다, 주장

097		
quite		꽤, 아주, 완전히
quiet		조용한
quit		그만두다

098		
quality		질
quantity		양

099		
roar		고함치다, 으르렁 거리다
roam		방랑하다, 거닐다

100		
rob		빼앗다, 강탈하다; 도둑질을 하다
rub		문지르다

101		
regrettable		유감스러운, 애석한 (사건이나 일이 주체)
regretful		후회하는, 슬퍼하는 (사람이 주체)

102		
raw		날것의, 가공하지 않은
row		줄, 열; 노를 젓다

103		
respective		각각의
respectable		존경할만한, 훌륭한
respectful		경의를 표하는, 공손한

104		
sensitive		민감한, 예민한
sensible		현명한, 지적인; 이성적인, 분별력 있는
sensual		관능적인, 육감적인
sensory		감각의, 지각의, 중추의

105		
successful		성공한, 출세한
successive		잇따른, 연속적인, 계승되는

106		
sweet		단, 달콤한
sweat		땀, 땀을 흘리다

107		
social		사회(학)의, 사회적인
sociable		사교적인, 붙임성 있는

108		
saw		톱질하다; 보았다(see의 과거)
sew		바느질하다, 꿰매다
sow		씨를 뿌리다

109		
state		국가, 주; 형편, 상태; 진술, 진술하다; 명시하다
status		지위, 신분; 정세, 상태, 사정
statue		동상

110		
staff		직원
stiff		뻣뻣한, 딱딱한, 경직된
stuff		물질, 재료; 채우다

111		
stain		얼룩, 얼룩지게 하다, 오점을 남기다
strain		긴장; 피로; 잡아당기다; 혹사하다

112		
sanitary		위생의, 위생적인
sedentary		주로 앉아서 하는

113		
swallow		(음식 등을) 삼키다; 제비
shallow		얕은, 피상적인

114		
sever		자르다, 끊다
severe		엄한, 엄격한; 심각한
several		몇몇의, 여러 가지의

115		
simultaneous		동시의, 동시에 일어나는
spontaneous		자발적인; 자연적인

116		
through		~을 통해, 거쳐
throughout		도처에; ~동안, 내내
thorough		철저한; 순전한, 완전한
though		비록 ~일지라도

117	tidy	단정한, 깔끔한; 잘 정돈된
	tiny	작은, 조그마한, 사소한

118	tolerable	참을 수 있는, 견딜 만한
	tolerant	관대한

119	vary	다르게 하다, 바꾸다, 바뀌다
	various	다양한
	variable	변하기 쉬운, 변덕스러운

120	valuable	소중한, 귀중한, 값비싼
	invaluable	매우 귀중한, 값을 매길 수 없는
	priceless	매우 귀중한, 값을 매길 수 없는
	valueless	가치 없는, 무가치한

121	vacation	방학, 휴가
	vocation	직업; 천직, 소명

122	vague	모호한, 희미한, 애매한
	vogue	유행

123	worship	예배[숭배]하다, 숭배; 존경하다, 존경
	warship	전함, 군함

124	
wonder	궁금해 하다; 놀라다, 놀라움, 경이
wander	헤매다, 방황하다, 돌아다니다

125	
worm	벌레, 지렁이
warm	따뜻한

126	
waist	허리
waste	낭비하다, 낭비; 소모시키다, 소모

부록 4. 상황마다 달라지는 마법의 전치사

01 on

① <장소> ~에, ~위에   ※ 면을 접촉하여 또는 붙어서

Chaera lay down on the bed and took a nap yesterday. (2018, 경찰직 1차)

Chaera는 어제 침대에 누워서 낮잠을 잤다.

② ~에 대한[관한], ~에 대해[관해]

learn on Spain → 스페인에 대해 깊고 체계적으로 배우다

cf learn about Spain → 스페인에 대해 넓고 대략적으로 배우다

③ ~하자마자

Various duties awaited me on my arrival. (2017, 지방직 9급)

내가 도착하자마자 여러 임무가 나를 기다리고 있었다.

④ <시간> ~에   ※ on + 날짜, 요일, 특정한 날

It rained on June 5.

6월 5일에 비가 왔다.

It snowed on Friday.

금요일에 눈이 왔다.

It snowed on New Year's Day.

새해 첫날에 눈이 왔다.

⑤ (계속해서) V하다

They kept on going until they heard the sound of a waterfall.

그들은 폭포 소리를 들을 때까지 계속해서 갔다.

02 at

① <초점> ~을 향해

aim at a target

과녁을 향해 겨냥하다

look / smile / shoot / bark / laugh + at me

나를 보다 / 나에게 미소 짓다 / 나를 쏘다 / 나에게 짖다 / 나를 비웃다

② <지점이나 장소> ~에

At this company, we will not put up with such behavior. (2017, 지방직 9급)

이 회사에서, 우리는 그러한 행동을 용납하지 않을 것이다.

③ <시간> ~에   ※ at + 시각 / 새벽·밤 / 정오·자정

He came home at 6.

그는 6시에 집에 왔다.

I absolutely detested the idea of staying up late at night. (2017, 국가직 9급)

나는 밤에 늦게까지 깨어있는 것을 아주 싫어했다.

She will go swimming at noon.

그녀는 정오에 수영하러 갈 것이다.

03 in

① <장소·입체적 공간·도시·국가 등의 큰 개념> ~안에, ~에서

There are many apples in a box.
상자 안에 많은 사과들이 있다.

Tina lives in New York.
Tina는 뉴욕에 산다.

② <시간(시점)> ~에   ※ in + 오전·오후 / 아침·저녁 / 연도 / 월 / 계절 / 세기

It snowed in the afternoon.
오후에 눈이 왔다.

It rained in the morning.
아침에 비가 왔다.

He became a teacher in 2010.
그는 2010년에 선생님이 되었다.

③ <시간의 경과> ~후에

The project will be ready in two days.
그 프로젝트는 이틀 후에 준비될 것이다.

→ 예를 들어, 오늘이 수요일이면 이틀 후인 금요일에 준비될 것이다.

cf within <특정한 기간> ~이내로 / ~안에

The project will be ready within two days.
그 프로젝트는 이틀 안에 준비될 것이다.

→ 예를 들어, 오늘이 수요일이면 이틀 내인 목요일 또는 금요일에 준비될 것이다.

04 to

① <방향> ~(쪽)으로, ~에

The bird went to the east.
그 새는 동쪽으로 갔다.

② <행위 등의 대상> ~에게

I will give this book to him.
나는 그에게 이 책을 줄 것이다.

③ <도달점> ~까지, ~에 이르도록

She counted from one to fifty.
그녀는 1에서 50까지 셌다.

05 from

① <기점·출발 지점> ~로부터, ~에서

I walked home from the station.

나는 역에서부터 걸어서 집으로 갔다.

② <원료·재료> ~으로   ※ 화학적 변화(재료의 본래 형태가 눈으로 보이지 않음)

The cheese is made from milk.

치즈는 우유로 만들어진다.

③ <출처·유래> ~로부터, ~에게서

He received a letter from his mother.

그는 그의 어머니에게서 온 편지를 받았다.

④ <출신·근원> ~에서, ~출신의

Where are you from?

당신은 어디 출신입니까?

⑤ <금지·억제·방지> ~을

The teacher prohibited students from running in the classroom.

선생님은 학생들이 교실에서 뛰어다니는 것을 금지했다.

06 for

① ~을 위해

I bought a book for you.

나는 너를 위해 책을 샀어.

Sponsorship is necessary for a successful career. (2018, 지방직 9급)

성공적인 경력을 위해서는 후원이 필수이다.

② ~에 대해, ~때문에, ~으로

She has a talent for singing.

그녀는 노래에 대해(= 노래에) 재능이 있다.

I scolded a kid for his lie.

나는 거짓말 때문에 아이를 꾸짖었다.

The woman was convicted and sentenced to ten years in prison for the murder case. (2018, 경찰직 1차)

그 여자는 살인죄로 기소되어 10년형을 선고받았다.

③ ~동안   ※ for + 기간

He's going away for a few weeks.

그는 몇 주 동안 자리를 비울 것이다.

Having been abroad for ten years, he can speak English very fluently. (2017, 국가직 9급)

10년 동안 해외에 있었기 때문에, 그는 영어를 아주 유창하게 말할 수 있다.

④ ~에 찬성하는, ~을 향해   ※ V + for + N

I am for his offer.

나는 그의 제안에 찬성한다.

leave for a foreign country

외국을 향해 떠나다

07 by

① ~에 의해

the development of sea travel by the early Americans (2017, 경찰직 2차)
초기 미국인들에 의한 해상 여행의 발달

② ~옆에

a girl by the bus stop
버스 정류장 옆에 있는 한 소녀

day by day / one by one / room by room
날마다 / 하나씩 / 방마다

③ <정도·범위> ~만큼, ~씩

Sales fell by 10%.
매출이 10% 만큼 감소했다.

④ ~까지 / ~쯤에 ※ by + 때

I will finish this work by the end of this month.
나는 이번 달 말까지 이 일을 끝낼 것이다.

By the time we reached home, it was quite dark.
우리가 집에 도착했을 때, 꽤 어두웠다.

Shim's tip

'by'(~까지)와 'until'(~까지)의 구분 : '계속'이란 말을 붙일 때 말이 되는지 확인한다.

I will wait here until 2 o'clock.
나는 여기에서 2시까지 계속 기다릴 거야. (O)

I will finish this work by noon.
나는 이 일을 정오까지 계속 끝낼 것이다. (X)

---

08 of

① ~의

Seoul is the capital of Korea.

서울은 한국의 수도이다.

② <제거·박탈> ~에서, ~로부터

James deprived me of some money.

James는 나에게서 약간의 돈을 빼앗았다.

③ <물질·재료> ~으로 된, ~으로 ※ 물리적 변화(재료의 본래 형태가 눈으로 보임)

The building is made of stone.

그 건물은 돌로 만들어졌다.

④ <원인> ~ 때문에(~으로)

The girl died of cancer.

그 소녀는 암으로 죽었다.

⑤ ~에 대해

He was afraid of addressing a foreigner.

그는 외국인에게 말을 거는 것에 대해(=거는 것이) 두려웠다.

Why didn't I think of that? (2017, 지방직 9급)

왜 내가 그것에 대해 생각하지 않았을까?

09 about

① ~에 대한[관한], ~에 대해[관해]

a book about flowers

꽃에 관한 책

We'll have to think about the problem.

우리는 그 문제에 대해 생각해야 할 것이다.

② ~주위에, ~주변을

wander about the street

거리 주변을 헤매다

He was injured about his head in the accident.

그는 사고에서 머리 주변에 부상을 입었다.

③ <부사로 사용> 약, 대략, ~쯤, ~경 ※ about + 숫자

about ten thousand people

약 만 명의 사람들

It costs about $20.

그것은 20달러쯤 든다.

10 with

① ~와 함께(with + 사람), ~을 가지고(with + 사물)

I went to the theater with her.
나는 그녀와 함께 극장에 갔다.

He did my favor with pleasure.
그는 기꺼이(=기쁨을 가지고) 내 부탁을 들어주었다.

② ~하면서, ~한 채로

He came downstairs with his coat over his arm.
그는 코트를 팔에 걸친 채 아래층으로 내려왔다.

With her legs crossed, she was reading a book.
그녀는 다리를 꼰 채 책을 읽고 있었다.

11 out of

① ~로부터, ~중에(서)

Two rabbits came out of the forest.
두 마리의 토끼가 숲에서 나왔다.

in nine cases out of ten
십중팔구

② <동기> ~에 의해, ~에서

We acted out of necessity.
우리는 필요에 의해 행동했다.

③ <부정> 떨어진, 바닥난   ※ out of + N

Out of sight, out of mind.
눈에서 멀어지면 마음에서도 멀어진다.

I've been out of touch with most of my old friends. (2017, 지방직 9급)
나는 나의 오랜 친구들 대부분과 연락을 하지 않는다.

> 🧑 **Shim's tip**
>
> ## out of 관련 숙어
>
> out of question 의심의 여지가 없는
> out of the question 불가능한
> out of date 구식의
> out of place 불편한, 부적절한
> out of order 고장이 난, 부적절한
> out of stock 품절된, 매진된

12 off

<분리> 떨어져, 벗어나서

He fell off a ladder.

그는 사다리에서 떨어졌다.

He got off a train.

그는 기차에서 내렸다.

13 up

① 위로, 위에, 위쪽에, 위쪽으로

The boy is up the tree.

소년은 나무 위에 있다.

② <부사로 사용> 완전히(동사의 의미 강조)

use up his money

그의 돈을 다 써 버리다

She broke up with John.

그녀는 존과 완전히 끝냈다.

His speech didn't come up to my expectation.

그의 연설은 내 기대에 못 미쳤다.

부록 5. 외우면 해석이 술술 기적의 영숙어

01 at the expense[cost] of ⓝ

~을 희생하여, ~의 비용으로

They ran the business at the expense of consumers' health and life.
그들은 소비자들의 건강과 생명을 희생시켜 그 사업체를 운영했다.

02 be apt to RV
= tend to RV
= have a tendency to RV

~하는 경향이 있다, ~하기 쉽다

Babies are apt to put objects into their mouths.
아기들은 입에 물건들을 잘 집어넣는 경향이 있다.

Some members of staff tend to come into the office late on Mondays.
일부 직원들이 월요일에는 사무실에 늦게 도착하는 경향이 있다.

I think you have a tendency to talk too much when you're nervous.
내 생각에는 넌 초조하면 말을 너무 많이 하는 경향이 있어.

03 be based on ⓝ

~에 기초[기반]을 두다, 근거하다

The newspaper story is based on hard facts.
그 신문 기사는 엄연한 사실을 기초로 한 것이다.

04 be concerned with ⓝ
be concerned about ⓝ

~에 관심이 있다, ~와 관계가[관련이] 있다
~을 걱정하다

The service must be concerned with improving the health of the community.
그 서비스는 지역사회의 건강 증진과 관련이 있어야 한다.

Many people are very concerned about the coronavirus.
많은 사람들이 코로나 바이러스에 대해 매우 걱정하고 있다.

05 be devoted to ⓝ
= devote oneself to ⓝ

~에 전념[몰두, 열중]하다, 헌신적이다

Shim is fully devoted to teaching the students.
Shim은 학생들을 가르치는 데 완전히 전념하고 있다.

06 be different from ⓝ
= differ from ⓝ

~와(는) 다르다

American English is significantly different from British English.
미국 영어는 영국 영어와 상당히 다르다.

---

07 be equal to ⓝ

~와 동일하다

One year is equal to twelve months.
1년은 12개월과 같다.

---

08 be faced with ⓝ

~에 직면하다

We are faced with the choice between war and peace.
우리들은 전쟁이냐 평화냐의 기로에 직면해 있다.

---

09 be forced to RV

~하지 않을 수 없다, 하는 수 없이 ~하다, ~해야만 하다

The troop was forced to retreat after suffering heavy losses.
그 군대는 많은 사상자를 낸 뒤 후퇴해야만 했다.

---

10 be in accord with ⓝ

~와 조화되다, 일치하다

This plan doesn't seem to be in accord with our trip.
이 계획은 우리 여행과 조화되지 않는(= 맞지 않는) 것 같다.

11 be inclined to RV

~하고 싶어지다, ~하는 경향이 있다

Unfortunately, most people in Korea are inclined to take these offenses lightly.
불행히도 대부분의 한국 사람들은 이러한 범죄를 가볍게 여기는 경향이 있다.

12 be known for ⓝ(이유)
be known as ⓝ(자격)

(이유)로 알려져 있다
(자격)으로서 알려져 있다

Tom Cruise is known for his love of Korea.
톰 크루즈는 그의 한국 사랑으로 잘 알려져 있다.

He is known as a movie director.
그는 영화감독으로 알려져 있다.

13 be subject to ⓝ

~의 대상이다, ~에 달려있다, ~의 지배를 받다, ~하기 쉽다

The Software is subject to continual update.
본 소프트웨어는 계속적인 업데이트의 대상입니다.

This benefit is subject to change at any time.
본 혜택은 언제라도 변경되기 쉽습니다(= 변경될 수 있습니다).

14 be suitable for ⓝ

~에 적합하다, 알맞다

She is suitable for the new project.
그녀는 그 새로운 프로젝트에 적합하다.

15 be supposed to RV

~할 의무가 있다, ~하기로 되어 있다, ~인 것으로 여겨진다[~라고 한다]

Under our education system, you're supposed to be able to choose the type of schooling that your child receives.
우리 교육 제도 하에서 당신은 자녀가 받을 학교 교육의 유형을 선택할 수 있게 되어 있다.

Originally, the statue was supposed to be finished in 1920.
애초에 이 조각상은 1920년에 완성될 예정이었다.

16 be worth ⓝ/RVing
= be worthwhile to RV

~할 가치가[보람이] 있다

The museum is certainly worth a visit.
그 박물관은 확실히 한번 가 볼 가치가 있다.

This book will be worth reading[=be worthwhile to read].
이 책은 읽을 가치가 있을 것이다.

---

17 by means of ⓝ

~에 의하여, ~의 도움으로, ~을 사용하여

Thoughts can be expressed by means of words.
사상은 언어에 의해 표현될 수 있다.

---

18 by[in] virtue of ⓝ

~의 덕분에, 때문에

He got the job by virtue of his greater experience.
그는 더 뛰어난 경력 덕분에 취직이 되었다.

---

19 end up RVing
end up with ⓝ

결국 ~하게 되다
결국 ~이 되다, ~로 끝나다, ~에까지 이르다

I think in the long run we're going to end up spending more money in electricity.
장기적으로는 전기 요금 때문에 돈이 더 들게 될 거예요.

If you overuse credit cards, you may end up with huge debts.
신용카드를 남용하면 큰 빚더미에 이를 수 있습니다.

---

20 fall short of ⓝ

~에 못 미치다, 부족하다

The number of people who attended fell short of our expectations.
참석한 사람의 수가 우리의 기대에 못 미쳤다.

21 for fear of ⓝ/RVing

~을 두려워하여, ~할까 봐, ~이 없도록

I don't drive for fear of an accident.
나는 사고가 두려워서 운전을 하지 않는다.

He spoke quietly for fear of waking the baby.
그는 아기를 깨울까 봐 조용히 말을 했다.

22 for the sake of ⓝ/RVing

~을 위해서

He gave up smoking for the sake of his health.
그는 건강을 위해서 담배를 끊었다.

23 for want[lack] of ⓝ

~이 부족하여

Our project failed for want of financial backing.
우리의 프로젝트는 재정 지원이 부족하여 실패했다.

24 from time to time

가끔, 때때로, 이따금 (= occasionally)

The memory of my mother comes to me from time to time.
가끔 어머니의 기억이 나에게로 온다. (= 가끔 어머니 생각이 난다.)

25 give birth to ⓝ

~을 출산하다, ~의 원인이 되다

She will give birth to her first child in July.
그녀는 7월에 첫 아이를 출산할 것이다.

The new economic policy gave birth to deep dissatisfaction.
그 새로운 경제 정책은 깊은 불만의 원인이 되었다.

26 give rise to (n)

~을 일으키다, 야기시키다

This event will give rise to unnecessary confusion.
이번 사건은 불필요한 혼동을 야기시킬 것이다.

27 have an influence on (n)
= have an effect on (n)
= have an impact on (n)

~에 영향을 끼치다[미치다], 영향을 주다

Parents have an influence on a teen's decision.
부모들은 십대의 결정에 영향을 미친다.

An investigation by the police would have an effect on the company's reputation.
경찰에 의한 조사는 그 회사의 평판에 영향을 끼칠 것이다.

Lee Hyori always has an impact on style and fashion.
이효리는 언제나 스타일과 패션에 영향을 미친다.

28 have no choice[alternative] but to RV

~하지 않을 수 없다, ~할 수밖에 없다

If this trend continues for much longer, we will have no choice but to begin laying off employees.
이러한 추세가 장기간 계속된다면, 우리는 직원들을 해고하기 시작할 수밖에 없다.

29 have something to do with (n)
have nothing to do with (n)

~와 관계가[관련이] 있다, ~에 관한 것이다
~와 전혀 관계가[관련이] 없다

He seems to have something to do with the plot, too.
그도 그 음모와 관련이 있는 것 같다.

He has nothing to do with the matter.
그는 그 문제와는 아무런 관련이 없다.

30 have trouble (in) RVing
= have difficulty (in) RVing

~하는 데 어려움[곤란]을 겪다

People who drink too much coffee may have trouble (in) sleeping.
커피를 너무 많이 마시는 사람은 잠을 자는 데에 어려움을 겪을 수 있다.

Many foreign students have difficulty (in) learning the Korean language.
많은 유학생들은 한국어를 배우는 데 어려움을 겪는다.

31 in addition to ⓝ

~에 더하여, ~일 뿐 아니라

In addition to her native English, she speaks French.
모국어인 영어뿐만 아니라, 그녀는 프랑스어를 한다.

32 in case of ⓝ
(just) in case S + V

~의 경우에는, ~시에는
(혹시라도) ~할 경우에는, ~할 경우에 대비해서

In case of emergency, break the glass and press the button.
비상시에는 유리 덮개를 깨고 버튼을 누르세요.

Give me your phone number in case there is an accident.
사고가 있을 경우에 대비해서 당신의 전화번호를 주세요.

33 in comparison with[to] ⓝ
= compared with[to] ⓝ

~에 비해서, ~와 비교해 보면

The tallest buildings in Seoul are small in comparison with New York's skyscrapers.
뉴욕의 고층 건물들과 비교해 보면 서울에서 가장 높은 건물이라 해도 작다.

Tax revenues have increased compared to the previous year.
전년도에 비해서 세입이 증가했다.

34 in connection with ⓝ
= with reference to ⓝ

~와 관련하여

He has been arrested in connection with the robbery.
그 강도 사건과 관련하여 그가 체포되었다.

There are two areas of concern with reference to the agency's operational framework.
그 기관의 운영 체계와 관련하여 두 영역의 우려가 있다.

35 in consequence of ⓝ

~의 결과로, ~으로 말미암아

My brother was born deformed in consequence of an injury to his mother.
나의 남동생은 엄마가 부상을 입은 결과 기형아로 태어났다.

36 in consideration of Ⓝ

~을 고려하여, ~에 대한 보답으로

A tip is a small sum in consideration of your services.
팁은 서비스에 대한 보답으로 주는 작은 액수의 돈이다.

37 in contrast (to/with Ⓝ)

(~와) 대조적으로, 다르게

Her personality was in contrast with her mother's.
그녀의 성격은 그녀의 어머니 성격과는 대조를 이룬다.

38 in favor of Ⓝ

~에 찬성[지지]하여, ~을 위하여, ~의 이익이 되도록

Not everyone is in favor of this law.
모든 사람이 이 법에 찬성하는 것은 아니다.

They are still in favor of building the new airport.
그들은 여전히 새로운 공항 건설을 지지하고 있다.

39 in honor of Ⓝ

~에게 경의를 표하여, ~을 기념하여

He gave a long speech in honor of the retiring principal.
그는 은퇴하는 교장에게 경의를 표하여 긴 연설을 했다.

40 in line with Ⓝ

~에 따라, ~와 함께, ~와 비슷하게

He spoke anonymously in line with department policy.
그는 부서 방침에 따라 익명으로 말했다.

41 in that S + V

~라는 점에서, ~이므로

I agree with you in that English is the most global language of the times.
영어가 그 당시의 가장 세계적인 언어라는 점에서 나는 너의 의견에 동의한다.

42 in terms of ⓝ

~의 관점[측면]에서, ~에 관해서

In terms of technology, they are in a superior position to us.
기술의 관점에서 그들은 우리보다 뛰어난 위치에 있다.

43 in view of ⓝ

~에 비추어 (보면), ~을 고려[감안]하여

In view of the current price index, he should get an increase in pay.
현재의 물가 지수에 비추어 보면, 그의 봉급은 인상되어야 한다.

44 look forward to ⓝ/RVing

~(하기)를 고대[기대]하다

We look forward to doing business with you as soon as possible.
가능한 한 빨리 당신과 거래하기를 기대합니다.

45 not to mention
= let alone
= to say nothing of

~은 말할 것도 없고, ~은 물론이고, ~는커녕

Shim speaks English well, not to mention Korean.
Shim은 한국어는 말할 것도 없고 영어도 잘한다.

No explanation was offered, let alone an apology.
사과는 말할 것도 없고(= 사과는커녕), 아무런 해명도 없었다

BTS is good at dancing, to say nothing of singing.
BTS는 노래는 물론이고 춤도 잘 춘다.

46 on account of ⓝ
= because of ⓝ

~때문에, ~으로

He was absent on account of[because of] illness.
그는 아파서 결석했다.

---

47 on behalf of ⓝ

~을 대신[대표]하여, ~을 위해

On behalf of our company, I would like to apologize for the inconvenience you experienced.
우리 회사를 대표하여, 당신이 겪은 불편에 대해 사과드리고 싶습니다.

---

48 place[put/lay] emphasis on ⓝ

~에 중점[강조, 역점]를 두다

The government has to place emphasis on economic growth.
정부는 경제 성장에 중점을 두어야 한다.

---

49 such as ⓝ

(예를 들어) ~와 같은

Modern life has created a demand for high-speed retail such as drive-thru stores.
현대 생활이 드라이브스루 매장과 같은 빠른 상점의 수요를 창출했다.

---

50 take (sth) for granted

~을 당연시하다, 대수롭지 않게 여기다

I used to take my parents' love for granted.
나는 부모님의 사랑을 당연시하곤 했다.

51 take (sth) into consideration = take (sth) into account

(~을) 고려[참작]하다

Doctors must take into consideration the characteristics of the particular patient.
의사들은 특정 환자의 특성을 고려해야 합니다.

We will take your feedback into account when we plan future events.
향후 이벤트 계획 시 당신의 피드백을 고려하겠습니다.

52 when it comes to ⓝ/RVing

~에 관한 한, ~에 대해서[관해서]라면

No one can touch him when it comes to teaching English.
영어를 가르치는 것에 관해서라면 아무도 그를 건드릴 수 없다.
(= 그에 필적할 수 있는 사람은 아무도 없다.)

53 with[in] regard to ⓝ
without regard to ⓝ

~에 관해서(는), 대해서(는)
~에 상관없이, ~을 무시하고, 아랑곳하지 않고

Don't worry about it with regard to its cost.
그것의 가격에 관해서는 걱정하지 마세요.

He drove without regard to speed limits.
그는 제한 속도를 아랑곳하지 않고 운전을 했다.

부록 6. 불규칙 동사표

기본형	과거형	과거분사	기본형	과거형	과거분사
arise	arose	arisen	ring	rang	rung
awake	awaked/awoke	awaked/awoken	rise	rose	risen
be	was/were	been	run	ran	run
bear	bore	born(e)	see	saw	seen
beat	beat	beaten	seek	sought	sought
become	became	become	sell	sold	sold
begin	began	begun	send	sent	sent
bind	bound	bound	shake	shook	shaken
bite	bit	bitten	shed	shed(ded)	shed(ded)
bleed	bled	bled	shine	shone/shined	shone/shined
blow	blew	blown	shoot	shot	shot
break	broke	broken	shrink	shrank/shrunk	shrunk
breed	bred	bred	sing	sang	sung
bring	brought	brought	sink	sank/sunken	sunk/sunken
build	built	built	sit	sat	sat
burst	burst	burst	sleep	slept	slept
buy	bought	bought	sow	sowed	sown/sowed
catch	caught	caught	speak	spoke	spoken
choose	chose	chosen	speed	sped	sped
forgive	forgave	forgiven	spend	spent	spent
freeze	froze	frozen	give	gave	given
get	got	gotten/got	go	went	gone
quit	quit(ted)	quit(ted)	grow	grew	grown
read	read	read	hang	hung	hung

기본형	과거형	과거분사
have	had	had
hear	heard	heard
hide	hid	hidden
hit	hit	hit
hold	held	held
hurt	hurt	hurt
keep	kept	kept
kneel	knelt	knelt
know	knew	known
lay	laid	laid
leave	left	left
lend	lent	lent
lie	lay	lain
lose	lost	lost
make	made	made
meet	met	met
pay	paid	paid
put	put	put
spill	spilled/spilt	spilled/spilt
spring	sprang/sprung	sprung
stand	stood	stood
steal	stole	stolen
strike	struck	stricken/struck
strive	strove/strived	striven/strived

기본형	과거형	과거분사
sweep	swept	swept
swim	swam	swum
swing	swang	swung
take	took	taken
teach	taught	taught
tear	tore	torn
tell	told	told
think	thought	thought
thrive	thrived	thrived
throw	threw	thrown
thrust	thrust	thrust
wear	wore	worn
weave	wove	woven
weep	wept	wept
win	won	won
write	wrote	written

Staff

Writer	심우철
Director	김지훈
Researcher	노윤기 / 정규리 / 장은영
Design	강현구
Manufacture	김승훈
Marketing	윤대규 / 한은지 / 장승재

발행일   2022년 9월 29일 (개정 6판 3쇄)

Copyright ⓒ 2022
by Shimson English Lab.

All rights reserved. No part of this publication may be reproduced, stored in a retrieval system or transmitted in any form or by any means, electronic, mechanical, photocopying, recording or otherwise, without any prior written permission of the copyright owner.

본 교재의 독창적인 내용에 대한 일체의 무단 전재 · 모방은 법률로 금지되어 있습니다.
파본은 교환해 드립니다.

내용문의 http://cafe.naver.com/shimson2000